The Other Shore

A New Translation of the Heart Sutra
with Commentaries

一行禪師講《心經》

到達彼岸的智慧

一行禪師 Thich Nhat Hanh——著

士嚴法師、江涵芠、張秀惠——譯

目次

初版序

《般若波羅蜜多心經》是佛法的精髓。世界各地的出家和在家修行團體都念誦此經。一行禪師在本書中對《心經》的闡釋，是二千五百年前釋迦牟尼佛在世時的教法綿延不斷的傳承。《般若經》最早出現在西元前一世紀，二千多年來一直爲人們傳誦，起初是在印度，然後在中國、日本、越南、韓國、西藏及其他大乘佛教國家。

《心經》的英文譯本見於約一百年前。西方世界於過去五十年間，禪修和藏傳佛教導師都在教授《心經》。但對於西方人而言，通常覺得此經不易理解。

一九八七年春天，一行禪師在加州、西北太平洋、科羅拉多州、新英格蘭和紐約舉辦了一系列禪營和講座。禪師鼓勵參加者和他一起實踐禪師稱之爲「美國佛教眞實面貌」的修行方法——並非從外而來，而是來自我們深刻的理解。「佛法不只是一個法門，而是有萬千法門。當佛教傳入一個國家，往往會注入新元素，佛法在國家與國家之間會有差別。佛法之所以是佛法，是因爲能適應當地文化和心理。」爲了幫助我們加深對佛法的理解，禪師爲我們數次開示《心經》，包括七、八百人的公開講座和五、六十人的禪營開示。

在加州奧哈伊，藝術家和禪修者坐在洛斯帕德里斯山，一棵巨大橡樹的「搖籃」下。清晨鳥兒的歌唱和柔和的微風，伴隨著禪師具有滲透力的聲音。禪師的每一場《心經》開示都非常全面，爲這古老的教導帶來了新的生命力，讓聽者能有清晰的理解。

在禪營中，禪師鼓勵參加者對日常活動保持清晰的覺知、專注和平靜，無論吃飯還是畫佛像。靜靜地散步時，我們注意腳底與大地的接觸。爲了幫助參加者修習正念，請鐘師會不時地請鐘。所有人聽到鐘聲時，都會停下手邊正在做的事，呼吸三次，默念：「靜聽，靜聽，這美妙的聲音帶我回到真正的家園。」

禪師說：「如此，鐘成爲一位幫助我們覺醒的菩薩。」我們銘記禪師的教導，聽到鐘聲時，放下園藝工具、錘子、筆或畫筆，回到自己，自然平靜地呼吸，對自己和周圍的一切——人、樹木、花朵、跑跳的孩子，甚至自己的擔憂和痛苦微笑。當我們這樣修習時，我們只是聆聽，與鐘聲爲一。鐘聲會在每一個人心中迴盪許久。停下一會兒後，我們繼續正在做的事情，感覺清新，愈發專注和覺察。

不僅一口鐘能成為菩薩，任何能幫助我們在當下覺醒的事物都可以。禪師說：「修行佛法，就是善巧地過好生活。」因此，我建議你在閱讀本書時，用心地理解其中的教導。閱讀時，就像聆聽鐘聲。放下日常事務一陣子，無論是身體的活動或是頭腦中的思考。舒適地坐下，讓老師的聲音在你心中迴盪。我確信，當你能如此閱讀本書，你會聽到許多次正念鐘聲。鐘聲響起時，放下書本，讓聲音滲透至你內在。你也可以平靜地呼吸和微笑。起初，這對我們許多人來說都不容易。但我總是聽到禪師對我們的鼓勵：「你能做到！」如此，你的內心深處與《心經》非常接近，也許能互相觸碰。

十三世紀，永平道元禪師說，覺悟即是與萬物一體，這與一行禪師的教導一致。當我們讓內在的智慧生起，我們會自然而然地如實覺知萬物，生起慈悲。伴侶、鄰居和國家之間的和平，甚而我們自己內在的和平，有時聽起來仿佛遙不可及，然而，如果我們能深觀一行禪師教導的核心，我相信我們一定能找到實現和平的方法，世界和平也就離此不遠了。

彼得．萊維特（Peter Levitt）

鹽泉島，不列顛哥倫比亞省

二〇〇九年六月

前言

你手上的這本書，是一行禪師關於《般若波羅蜜多心經》的闡釋。這部經所講述的般若智慧，能帶我們到無畏、非暴力的彼岸。一行禪師曾在梅村數次詳細地開示《心經》。第一次開示是在一九九八年，那年的開示也涵蓋在本書中。較近期的開示是在二〇一四年，禪師中風前的幾個月，也記錄在本書中。梵文和漢文版《心經》見於本書附錄中，這些版本已經傳誦將近一千五百年。此經從這兩種語言翻譯成上百種現代語言。自一九八〇年代到二〇一四年，梅村僧侶念誦和學習的英文《心經》是從梵文和漢文版翻譯，見於附錄中的二百一十九頁。

二〇一四年八月，一行禪師重新翻譯《心經》英文版，闡明「空性」的眞實義，避免人們誤解《心經》爲斷滅論。新譯本的題目是《智慧到彼岸❶》，清晰地表達了《般若經》對無我、中道、空性、無相和無願的教導。

眞德法師
二〇一六年梅村

編按：註號○為原註；●為中譯註。

❶英文是 The Insight that Brings Us to The Other Shore，即 Prajñāpāramitā 摩訶般若波羅蜜的意譯。「摩訶」是大，「般若」即智慧，「波羅蜜」是到彼岸。

【作者序】

雲與山洞

在越南群山，許多鳥兒在山洞中築巢。清晨，鳥兒到外面覓食，回來餵養雛鳥。有時，浮雲遮蔽了山洞，鳥兒找不到回家的路。只有當朝陽的光輝照破浮雲時，鳥兒才能清晰地看到洞口，飛回家中。

在我們的生命中，也許有東西在阻礙著我們，讓我們感到困惑，找不到眞正的家。然而，不只是障礙與困苦使我們迷失。有時，如果沒有正確的理解，即使最微妙的佛法也能使我們生起錯誤知見。如果我們不懂得善巧修學，佛經也可能妨礙我們的解脫之道。《心經》甚深微妙，是非常重要的經典，能夠帶我們到解脫、安樂的彼岸。但在過去逾一千五百年，有人誤解了《心經》的教導。

我們知道，領悟實相的無上智慧，超越一切言詞，但出於慈悲，世世代代的佛法導師都盡力以善巧的言詞引導我們走上解脫之道。當一位導師使用文字來詮釋佛法時，他知道文字只是概括，並不能完全表達眞正的般若智慧；他知道，無論他怎樣謹愼，還是有人會有疑惑，但是他還是得盡力引導學子離苦得樂。

我重新用英文翻譯了《心經》，同時也提供了詳盡的闡釋，爲你呈現於本書中，希望這一版本比舊有版本更爲清晰；也希望能如慧日照破浮雲，讓你看到歸家的路。

在此，我希望與你分享兩個故事。第一個故事關於一位沙彌到禪師處參訪，第二個故事關於一位比丘向慧中上士請益。慧中上士是十三世紀越南著名的詩人和在家佛法老師，越南陳氏王朝陳仁宗皇年輕時已拜他爲師。

沙彌及其鼻子

禪師問沙彌：「你如何理解《心經》？」

沙彌合十回答：「我的理解是五蘊皆空，無眼耳鼻舌身意，無色聲香味觸法，無十八界，無十二因緣，無智慧，無所得。」

「你這樣相信嗎？」

「是的，我眞的如此相信。」

「走近點，」禪師喚沙彌。當沙彌走近時，禪師伸手捏住他的鼻子，使勁地扭了一下。

沙彌十分痛楚，喊道：「師父，您扭痛我了！」

禪師揚揚眉，問道：「你剛剛不是說無鼻子嗎？如果你沒有鼻子，那是什麼在痛？」

＊＊＊

《心經》的精髓在於「空即是色，色即是空」這兩句。然後經中繼續說：「是故空中無色，無受想行識，無眼耳鼻舌身意。」這是多麼奇怪！經中先說「空即是色，色即是空。」然後又說「是故空中無色，無受想行識。」有人會因此而誤解一切皆無，一切皆不存在——把空性視爲斷滅。

在佛教中，斷滅論被視爲邊見，會帶來苦。當我們遇到一組組的對立時，我們傾向於相信一邊是對，另一邊是錯。舉例說，我們認爲或者一切皆存在，一切皆爲眞實；或者一切都皆不存在，一切皆爲非眞實。這是執著於二邊：恆常或斷滅。我們相信自己有一個永恆的靈魂，恆久常存；又或是我們相信自己只是無意義的原子構成，當我們死去時就會永滅，什麼都不留下。但是，佛陀教導我們要避免落入「有」與「無」二邊。如果我們善巧地學習，《心經》將幫助我們找到兩者間的中道。

現在，讓我們來看第二個故事。

你有一個身體嗎？

一天，一位比丘到慧中上士處參訪，就《心經》向上士請益。

「尊敬的上士，『色即是空，空即是色』是什麼意思？」

最初上士保持沈默，但不久後他說：「比丘，你有一個色身嗎？」

「有。」

「那麼你爲何說色即是空？」然後上士指著房間一個空的角落，問：

「你看到那個空的角落有一個色身嗎？」

「不。」

「那你爲何說『空即是色』？」

比丘起身合十，準備離去，但上士把他叫住，爲他說了此偈：

色即是空空即是色
三世諸佛權巧方便
空不異色色不異空

自性本然清淨光明
不執於有不執於無

＊
＊
＊

在這個故事裡，慧中上士說的與《心經》相反，他挑戰了「色即是空，空即是色」這一說法。

我認為，慧中上士走得有點太遠了。那位比丘的疑惑不在於「色即是空，空即是色」，而是「無眼耳鼻舌身意，無色聲香味觸法。」《心經》已說得很清楚，但如果能在「不生不滅」後加上「非有非無」，能幫助我們超越「有」與「無」的概念，避免執著於「無眼耳鼻舌身意」的想法。

神秀是中國禪宗五祖弘忍的弟子，他寫了這首非常實用的偈子：

身是菩提樹
心是明鏡台
時時勤拂拭
勿使惹塵埃

六祖惠能看了以後，寫了一首偈子回應：

菩提本無樹

明鏡亦非台
本來無一物
何處惹塵埃

六祖的偈子，也有點執著於「有」與「無」的概念。

新的英譯版本

《般若經》最深妙的教理在於我空（adhyātmaśūnyatā）和法空（sarva-dharmaśūnyatā），而非我無、法無①。因此在新的英文版裡，我選擇了新的用詞，是《心經》梵文版和玄奘大師翻譯的漢文版中所沒有的。我用了「因此在空性中，身受想行識並不獨立存在」來代替「是故空中無色，無受想行識。」

一切現象皆從因緣生，無有獨立的自我，這是《般若經》的中心。萬物無法獨自存在，必須相互依存。因此，「不獨立存在」這樣的字詞非常有用。即使是智慧和所得，也不獨立存在。新的演繹——「不獨立存在」，與傳統的演繹「色即是空，空即是色」同樣重要。

空，是指空無獨立自我，而不是說「我」不存在。就如氣球內裡是空的，但那不代表氣球不存在。我們沒有獨立的我，但那不是說你沒有鼻子。當然，我們有鼻子，我們有色身，我們在這裡。對於「是諸法空相」這一句

---

①《心經》的結集或許是為了幫助當時盛行的佛教部派「說一切有部」的追隨者，有助於他們斷除「雖然無我，但一切現象為實有」的觀念。詳細內容見於第五章〈空相〉。

亦然，這一句說的是一切現象皆空，不是說現象不存在。就如一朵花是由非花的元素組成，花沒有獨立的自我，但不代表沒有花。

般若智慧是究竟實相，超越一切世俗諦，是佛教無上的智慧。經藏中凡是沒有反映出般若智慧的經文，即使是在《般若經》裡，仍是屬於世俗諦，而非眞諦。

般若智慧幫助我們超越生滅、有無、垢淨、增減、主客等等的對立，幫助我們接觸到一切現象不生不滅、非有非無的本性。這是清涼、安詳、無畏的狀態，在此生以我們的身體和五蘊，我們就能體驗到。這即是涅槃。中文《法句經》泥洹品中有這美麗的幾句：「麋鹿依野，鳥依虛空，法歸其報，眞人歸滅。」

「非有非無」的教導，與「不生不滅」的教導一致。因此，我在新譯英文版中，在以「不」爲首的一組否定句中加上了「非有非無」。佛陀在《迦旃延經》中開示何謂正見時，解釋了「非有非無」最深妙的教導。這四個字將幫助後代子孫不至於被扭鼻子。

《心經》出現於大乘經典興盛的後期，大約五、六世紀②。那時密宗的影響逐漸擴展③，修行密宗的人開始更加依賴密咒和手印，來幫助他們證悟。因此編寫《心經》的祖師們，也許是爲了善巧方便，希望幫助密宗的追

②對於《心經》編寫於何時何地，儘管學者們沒有清楚的共識，但一般認為是梵文般若波羅蜜多經典裡重要文本的精華。起初應該是先有《般若八千頌》和《寶德藏經》，完成於西元前一世紀和西元一世紀之間。接著又發展出般若二萬五千頌以及十萬頌。《金剛經》已是非常濃縮的文本，讓人更容易學習和修行，它完成於西元二世紀到四世紀之間，比十萬頌的時間早。《心經》完成的時間則又更晚了些，它甚至比《金剛經》更為精要。

③密宗大約出現於西元四世紀，西元七百五十年之後漸漸系統化，成為金剛乘。

隨者修行，因而以心咒作爲《心經》的結尾。

智慧到彼岸

我們常說的《心經》，是《般若波羅蜜多心經》（*Prajñāpāramitā-hṛdaya-sūtram*）的簡稱。Pāram 的意思是彼岸，ita 是去、到，prajñā 是智慧。Hṛdaya 是心，sūtra 是經。在這個新英譯本中，我用了《智慧到彼岸》作題目。在經文最後的心咒中，亦有 pāragate 這個詞，意即到彼岸去。而在《經集》中，亦有《彼岸道》這一品。《經集》屬於巴利語經藏中的小部，是一部佛教早期經文匯編，早於《心經》數個世紀。

願你喜歡修習和念誦這個新英文譯本。二〇一四年八月二十一日凌晨三時，我剛完成這篇翻譯，月光照進我的房間。

《心經》：引領我們到彼岸的智慧

一行禪師於二〇一四年八月重新英譯

Avalokiteśvara,
while practicing deeply with
the Insight that Brings Us to the Other Shore,
suddenly discovered that
all of the five Skandhas are equally empty,
and with this realization
he overcame all Ill-being.

"Listen Śāriputra,
this Body itself is Emptiness
and Emptiness itself is this Body.
This Body is not other than Emptiness
and Emptiness is not other than this Body.
The same is true of Feelings,
Perceptions, Mental Formations,
and Consciousness.

"Listen Śāriputra,
all phenomena bear the mark of Emptiness:
their true nature is the nature of
no Birth no Death,

no Being no Nonbeing,
no Defilement no Purity,
no Increasing no Decreasing.

"That is why in Emptiness,
Body, Feelings, Perceptions,
Mental Formations, and Consciousness
are not separate self-entities.

"The Eighteen Realms of Phenomena,
which are the six Sense Organs,
the six Sense Objects,
and the six Consciousnesses,
are also not separate self-entities.
The Twelve Links of Interdependent Arising
and their Extinction
are also not separate self-entities.

"Ill-being, the Causes of Ill-being,
the End of Ill-being, the Path,
insight, and attainment
are also not separate self-entities.

"Whoever can see this
no longer needs anything to attain.

"Bodhisattvas who practice
the Insight that Brings Us to the Other Shore

see no more obstacles in their mind,
and because there
are no more obstacles in their mind,
they can overcome all fear,
destroy all wrong perceptions,
and realize Perfect Nirvāṇa.

"All Buddhas in the past, present, and future,
by practicing
the Insight that Brings Us to the Other Shore,
are all capable of attaining
Authentic and Perfect Enlightenment.

"Therefore Śāriputra,
it should be known that
the Insight that Brings Us to the Other Shore
is a Great Mantra,
the most illuminating mantra,
the highest mantra,
a mantra beyond compare,
the True Wisdom that has the power
to put an end to all kinds of suffering.

"Therefore let us proclaim a mantra to praise
the Insight that Brings Us to the Other Shore.

Gate, gate, pāragate, pārasaṃgate, bodhi svāhā!"

1
相　即

如果你是一位詩人，你會清楚地看到一朵雲飄浮在這張紙裡。沒有雲，就不可能有雨；沒有雨，樹木無法生長；沒有樹木，我們無法造紙。雲，是造紙所必須的。如果雲不在這裡，這張紙就無法在這裡。因此，我們可以說雲與紙相即。我們把「相即」譯作 interbeing，字典裡沒有這個詞，但如果我們把前綴 inter- 和動詞 to be 加在一起，就有了一個新的動詞：inter-be，這就是 interbeing 的由來。

Interbeing 這個詞是我一九八〇年代在加州塔撒加拉禪修中心帶領禪營時創造的。當時我在教導空性。我身邊沒有紙，無法以紙爲例來說明空性。於是我用了一把木椅，我邀請所有人深觀那把椅子，以看到椅子中森林、陽光、雨水和雲朵的存在。我解釋說，椅子無生無滅，也不能用「有」或「無」來形容。我問在場的人，在法文或英文裡是否有一個字，可以用來形容那把椅子是如何與一切非椅子的元素相互依存。我問如果用「同在（togetherness）」這兩個字是否適合。有人說那聽起來很怪，因此我建議用 interbeing 這個詞。

相即的智慧，能夠幫助我們更容易理解《摩訶般若波羅蜜多心經》，更清晰地明白關於空性的教導。相即帶我們超越「有」與「無」的二元思想，幫助我們不再害怕「無」。

人們聽到「空」這個字時，通常會感到惶恐，因爲他們傾向於將「空」等同於「無」、「不存在」。西方哲學專注於有與無的問題。我經常說：「有或無，那已不是問題。問題在於相即。」

如果我們繼續深觀這張紙，可以看到紙之中的陽光。如果沒有陽光，就不會有森林。沒有陽光，一切都無法生長，包括我們。因此我們知道陽光在這張紙之中；這張紙與陽光相即。再深刻觀察，我們可以看到將樹木砍下、送到造紙廠的伐木工人。我們也看到小麥。我們看到伐木工人依賴他每天吃的麵包而生存，因此用來做麵包的小麥也在這張紙之中。伐木工人的父母也在這張紙之中。缺少當中的任何一個東西，就不會有這張紙。

更深刻地觀察，我們可以看到，我們也在這張紙之中。這不難看到，因爲當我們看著這張紙，這張紙便成爲我們感知的對象。腦神經科學家愈來愈清楚地知道，我們無法確定地說，在我們的感知之外有一個客觀的世界，也無法說有一個存在於我們心裡的純主觀的世界。一切——時間、空間、大地、雨水、泥土裡的礦物、陽光、雲朵、河流，甚至我們的心識——都在這張紙裡。存在，即相互依存。你無法獨自存在，而必須與萬物相互依存。有這張紙，是因爲有其他萬物。

假設我們嘗試把其中一個元素歸還到它的源頭，譬如把陽光歸還給太陽，那我們還會有這張紙嗎？不。沒有陽光，就不會有樹木。如果我們把伐木工人歸還給他的母親，我們也不會有這張紙。如此觀照，我們看到這張紙全然由非紙的元素所造。如果我們把任何一種非紙的元素歸還到它的源頭，就根本不會有這張紙。這張紙雖然很薄，但它含藏宇宙的一切。一即一切，但《心經》說的好像是相反。在經中，觀世音菩薩說一切皆空。爲何？讓我們更深入地探究其原因。

2

空了什麼？

觀自在菩薩。行深般若波羅蜜多時。
照見五蘊皆空。度一切苦厄。

Avalokiteśvara, while practicing deeply with
the Insight that Brings Us to the Other Shore,
suddenly discovered that all of the five Skandhas are equally
empty and with this realization he overcame all ill-being.

觀自在菩薩
修行智慧到彼岸
了悟五蘊皆空
以此覺悟
脫離一切苦厄

觀世音菩薩是聞聲救苦的大悲菩薩。Avalokita 是「觀」，iśvara 是「自在」[1]，合在一起即是通過觀照實相而達到究竟解脫者。Bodhisattva（菩提薩埵）簡稱爲菩薩。Bodhi（菩提）的意思是「覺悟」，sattva（薩埵）的意思是「眾生」，所以菩提薩埵的意思就是「覺悟的眾生」。其實我們所有人都時而是覺悟的眾生，時而不是。觀世音菩薩既非限於男性，也非限於女性，有時菩薩以男身出現，有時候又以女身出現。在中文、越南文、韓文和日文中，我們尊稱菩薩爲觀音、觀世音、Quan Am 或是 Kannon。觀世音菩薩通過觀照和諦聽，了悟自身的苦，並從這甚深的智慧中生起大悲心。菩薩了悟實相的本性，因而超越一切恐懼。

在《心經》中，觀世音菩薩爲舍利子開示般若智慧（Prajñāpāramitā）。舍利子是幫助佛陀傳法的弟子中非常重要的一位。

Prajñā 意思是智慧，Pāramitā 是到彼岸。因此，Prajñāpāramitā 即是帶我們到彼岸的智慧。智慧不同於知識。智慧就像是水，是流動、有滲透性的。我們執著的知見猶如固體，會阻礙智慧的流動。在佛教中，知識被認爲是眞實智慧的障礙，我們要能放下已有的知識。就如爬梯時，如果我們在第五級就以爲自己已到達最高處，就沒有希望爬到第六級。我們必須學習超越己見，以能在修行道上進步。

①觀音菩薩在漢傳佛教，位列最廣為大眾認識和愛戴的菩薩。觀音梵文為 Avalokiteśvara，漢語音譯「阿婆盧吉低舍婆羅」、「阿縛盧枳低濕伐邏」。竺法護法師（約 237—316）初譯為「光世音」；鳩摩羅什法師（約 334—413）再譯為「觀世音」，svara，意思為「聲音」，Avalokitasvara 可意譯為「觀音」。玄奘法師（602—664）新譯為「觀自在」。Avalokita- 為「觀」，-īśvara 為「自在」。

根據觀世音菩薩所說，這張紙是空的；但根據我們的分析，它充滿一切。這好像有點互相矛盾。觀世音菩薩照見五蘊——色受想行識——皆空。但空掉了什麼？空，總是意味著空了些什麼。

如果我拿著一杯水，問你：「這杯子是空的嗎？」你會說：「不，杯子裝滿了水。」但如果我把水倒掉，然後我再問你，你可能會說：「現在杯子是空的。」杯子不可能空掉一切。除非你知道它「空」了些什麼，否則說「空」是沒有意義的。杯子空掉了水，但它沒有空掉空氣。因此，說空，即是在說空掉了某些東西。這是一個大發現。因此，當觀世音菩薩說五蘊皆空，我們必須問：「尊敬的觀世音菩薩，空了什麼？」

五蘊是構成人的五種元素，這五種元素就像五條河流——色、受、想、行、識之河——不停在流動。觀世音深觀五蘊的本質，照見五蘊皆空。我們問：「空了什麼？」答案是：「空無獨立自我。」

國王與音樂家

有個故事關於一位國王，他聽到一名音樂家演奏六絃琴，深受感動。音樂是如此觸動了國王的心，國王因而希望知道那琴聲究竟從何而來。音樂家離去前，把琴留給了國王。國王下令侍從把琴破成碎片。但是無論如何努力尋找，都找不到美妙的琴聲，那動人音樂的來源。就如國王觀察那把琴，觀世音菩薩深觀五蘊，發現五蘊並無獨立自我。無論事物多麼美好，當我們深入觀照，就會知道沒有任何東西有一個獨立的「我」。

我們傾向於相信五蘊恆常不變，即使五蘊之河不停流動：生、老、病、死；生、住、異、滅。我們的身體會衰老；感受生起，停留一段時間，然後改變或滅去可能會導致我們氣憤如雷，但過了一會兒，怒氣會減退。然而，我們錯誤地相信一切恆久不變。我們繼續認爲五蘊不變，五蘊獨立存在，我們有獨立的自我。佛陀不斷地告訴我們，這樣的一個自我並不存在。如果你像國王那樣下令破開那把琴，去仔細分析五蘊，希望找到獨立存在的自我，你將不會成功。在五蘊之中，沒有一個靈魂，沒有一個「我」，沒有一個「人」。當我們看到五蘊無我，一切痛苦、沮喪、恐懼即刻消失。

說五蘊皆空，亦即是說它們不獨立存在。這五條不停流動的河，每一條都是由其他四條組成。五蘊相互依存，彼此相即。

在我們的身體裡有肺、心、腎、胃和血，其中無一能獨立存在，它們相互依存。你的肺和血是兩種東西，但它們不能分開而存在。肺吸入空氣，滋養血液，血液又反過來滋養肺。沒有血液，肺部無法生存；沒有肺部，血液無法淨化。肺部和血液相即。對於腎和血、腎和胃、肺和心、血和心等亦如此。

充滿了宇宙

當觀世音菩薩說這張紙是空的，菩薩的意思是它並不獨立存在。這張紙必須與陽光、雲朵、森林、伐木工人、我們的心及其他一切相即而存。它空無獨立自我。但空無自我，意味著它充滿了一切。因此，我們的觀察與觀世音菩薩的觀察並不互相抵觸。

觀世音菩薩觀照五蘊，照見五蘊不獨立存在。每一蘊都與其他四蘊相即而存在。我們的色身沒有一個獨立的我，卻充滿了宇宙的一切。我們的受、想、行、識也沒有獨立的我，但同時充滿了存在的一切。

3

智慧之道

度一切苦厄。

And with this realization
he overcame all Ill-being.

以此覺悟
脫離一切苦厄

如果我們想理解某些東西，就不能只站在外面觀察。我們要深入其中，與之成爲一體，才能夠眞正理解。當我們想理解一個人，我們要感同身受、苦其所苦、樂其所樂。

在《心經》新譯英文版中，「以此覺悟，脫離一切苦厄」這兩句，覺悟的意思是完全、完美地理解。Comprehend（理解、領會）這個字，由拉丁語 com 和 prehendere 組成。Com 的意思是一起、共同，而 prehendere 的意思是抓住、掌握，所以 to comprehend something（理解某物），意思是要掌握它，與之成爲一體，除此之外沒有其他方法可以眞正對事物有如實的理解。

如果我們只是個觀察者，站在外面去觀察這張紙，我們無法完全理解它，我們必須深入它。我們必須成爲一朵雲，成爲陽光，成爲那伐木工人。

如果我們能夠進入這張紙，成爲其中的一切，那麼我們對這張紙的理解就會圓滿。

在印度有一個古老的故事。一粒鹽巴想要知道海洋有多鹹，於是它跳進海裡，與海洋的水合一。如此，那粒鹽巴得到了圓滿的理解。

如果我們想要和平，想理解另一個國家，我們不能只站在外面觀察。我們必須與當地人民合一，以理解他們的感受、認知和心理。任何有意義的和平工作，都須依此修行：進入其中，與之成爲一體，以能夠圓滿理解。

在《念住經》中，佛陀建議我們如實觀察，教導我們於身中觀身，於受中觀受，於心中觀心，於法中觀法。佛陀用了重複的字，是因爲你必須進入你所觀察的，與之成爲一體，這樣才能理解。核子科學家也開始這樣說。當你進入原子的世界，你必須成爲一位參與者，才能夠理解。你不能只是站在外面做個觀察者。如今，科學家都喜歡用「參與者」來代替「觀察者」。

我們也須如此修行才能理解他人。如果你想理解你愛的人，你必須設身處地去體會，否則你無法眞正理解他們。沒有理解，眞愛是不可能的。

轉化痛苦

有了理解和了悟，我們的苦就能得到緩解。我們經歷的痛苦，可以藉由對空性的理解而轉化。把學習《心經》視爲知識或哲學，對於我們內在的苦起不了作用。但是，如果我們在希望離苦的願望下，念《心經》的每一字一句，那會很有意義。如果我們知道如何把對空性的理解應用在日常生活中，以應對我們遇到的許多挑戰和困難，我們就能轉苦爲樂。如此理解，有解脫的力量。

觀世音菩薩和我們一樣都是人，都曾經受過苦。因此，菩薩修行觀照，了悟空性。一旦菩薩能深刻理解空性，一切苦即止息。以如此的了悟，我們也能如觀世音菩薩一樣，不僅能轉化自身的痛苦，得到安詳、自由、喜樂，也能夠幫助別人這樣修行。

4

空性萬歲

舍利子。色不異空。空不異色。色即是空。
空即是色。受想行識。亦復如是。

Listen Śāriputra,
this Body itself is Emptiness
and Emptiness itself is this Body.
This Body is not other than Emptiness,
and Emptiness is not other than this Body.
The same is true of Feelings,
Perceptions, Mental Formations,
and Consciousness.

舍利子
身即是空
空即是身
身不異空
空不異身
受想行識
亦復如是

《心經》的精髓在於「色即是空，空即是色。❶」如果我們能理解這兩句，就不難理解經文的其他部分。

在梵文中，rūpa這個字通常翻譯為「色」，因此說：「色即是空，空即是色。」在這裡，rūpa是五蘊的一蘊，意指身體，也延伸到有生命的物質。因此，在新的英文版中，我們用了「身」代替「色」。

當我們想到物質或「色」，我們傾向於分辨有生命和無生命的物質。但現代科學告訴我們，有生命和無生命的物質之間沒有精確的分野。我們所說的惰性物質，可能並非如我們想像那麼無活力，它可能充滿生命。物質並非堅實不變的。二千年以前，《二萬五千頌般若經》①說：「色從種種因緣生，無有堅實；如水波浪而成泡沫，暫見即滅，色亦如是。」

今天，物理學家同意物質並非固態的，而是充滿了空間。構成身體的原子大部分由空間構成，而且不是靜止不動的——它的中心有一個原子核，周圍有電子以每秒數千公里的速度環繞它運動。深觀我們的感受，我們看到類似的情況。感受是能量場，時刻在改變。同樣地，我們的想、行、識亦如是，就像不停流動的河。

---

❶梵文版《心經》的這句是：Rūpaṃ śūnyatā, śūnyataiva rūpam，翻譯過來的意思就是：色即是空，空即是色。Eva（aiva）這個字意思是：這個空性，或是空性本身。梵文版本裡，用了三個句子來表達色與空性相即的本質，第三句是：yad rūpaṃ sā śūnyatā and yā śūnyatā tad rūpam，意思是：何者為色，何者即為空；何者為空，何者即為色。玄奘大師的漢文《心經》裡並沒有包含第三個句子。我們的英譯文也依著玄奘大師的版本只用了前兩句。

①玄奘大師翻譯的《大般若波羅蜜多經》（*Mahāprajñāpāramitā Sūtra*）（T220，收入《大正新修大藏經》）裡亦可找到相同的例子。

當代科學用語，在編寫《心經》時並不存在，因此經中用了「空」這個字來形容物質的本質。經中說：

身即是空
空即是身
身不異空
空不異身

我們以爲自己清楚了解這個身體。我們相信，因爲這個身體時刻與我們在一起，我們就已經從內到外透徹地了解自己的身體。但此經讓我們知道，我們對這個身體的認知充滿了謬誤。因此，我們須更深入地反思，以理解

「色即是空」，身體是空這一句。

正因爲這身體是空，它才能夠顯現。我們的身體充滿了一切，充滿了生命。「空」這個字不應該把我們嚇倒。這個字非常美妙。「空」並不意味著不存在。如果這張紙非空，那麼陽光、伐木工人和森林如何能進入它？它又怎能成爲一張紙？要有一個空的杯子，就得有一個杯子。同樣地，色、受、想、行、識也得存在，我們才能說它們是空的。因此，說「色即是空」，並不是說身體不存在。

如果你深觀自己的身體，你會看到你的父母、祖父母、祖先及地球生命的整個歷史。我們知道身體是因緣聚合而成的現象，它由我們通常不會想像到的其他一切組成。你可以看到陽光、星月、時間和空間。事實上，整個宇宙在一起構成了我們的身體。只有一種東西是我們沒有的——獨立的自我，獨立的存在。如果我們把陽光歸還給太陽，把雨水歸還給雲朵，把礦物歸還給大地，那怎會有我們的身體？一切現象都包含了整個宇宙。沒有任何東西能獨立存在。我們在深觀自己的身體時，可以看到它依賴其他一切而存在。我們的身體並非分開存在的個體。現在，你可以正念吸氣、呼氣，做以下觀想。

於身中觀身

百萬年以來，這個身體都存在，它是無數世代的延續，它從未死亡。

我不能看輕這個身體，它並非只是我所有。我不能低估這個身體，它是我所有祖先的身體。

身心一體，身從心而生，心從身而生。

在這個身體裡可以找到宇宙生命的一切奇蹟。不生不滅的國度、淨土、天國，都在這個身體裡。我不能看輕它。它包含了宇宙的一切奧祕。

這個身體是宇宙美麗的花朵，我會照顧好它。我希望身體爲我展現宇宙的一切奧祕、一切奇蹟。

這個身體將會以不同的形相延續，無論我是否有子孫。我希望身體將會美麗地延續到未來生。

空即是空

空性的智慧非常積極樂觀。如果我非空，我就不會在這裡。如果你非空，你就不會在那裡。因爲你在，所以我在。這是空性的眞義。我們的身體並不獨立存在。觀世音菩薩希望我們理解這一點。空性只是指「無自性」。如果你能這樣理解空性，你就能理解這部經文。

許多人仍然認爲空性是存在的基礎，是一切本體的基礎。但如果我們有正確的理解，空性不涉及本體論的任何依據。把空性變爲本體論，說空性是一切存在的基礎，這並不正確。我們不能執著於空性是永恆不變這個想法。空性並非絕對或究竟實相，因此它才能是空。我們必須捨離以上對空性的觀念。空即是空。

如果我們非空，我們就變成堅固、無活力的物質，從而無法呼吸，無法思考。說我們是空，即是說我們活著，能夠吸氣呼氣。空是無常，它會變化。我們不用害怕空性、無常、變化，我們應該爲此而慶祝。曾有一位男士向我投訴說生命是空，是無常。他修習佛法五年了，經常思考空性和無常。有一天，他的女兒對他說：「爸爸，不要投訴無常。沒有無常，我怎會長大呢？」她是對的。

如果你有一顆玉米種子，你把它種在泥土裡，希望它長成高高的玉米植株。如果沒有無常，玉米種子將永遠是玉米種子，你永遠不會有玉米可以吃。無常是一切生命所必須。西元二世紀的龍樹菩薩說：「以有空義故，一切法得成。②」感恩有空性，一切成爲可能。同樣地，我們不會投訴無常，我們會說：「以有無常故，一切法得成。無常萬歲！」這樣的說法非常樂觀

②梵文為“*sarvaṃ ca yujyate tasya śūnyatā yasya yujyate / sarvaṃ na yujyate tasya śūnyam yasya na yujyate*”《中論》第二十四品觀四諦品：「以有空義者，一切法得成；若無空義者，一切則不成。」

積極。龍樹菩薩繼續說：「若無空義者，一切則不成」因此，我們應該爲空性而慶祝，高呼：「空性萬歲！」感恩空性，生命成爲可能。

5
空　相

舍利子。是諸法空相。

Listen, Śāriputra,
all phenomena bear the mark of Emptiness

舍利子
一切現象是空相

空，是三解脫門①中的第一解脫門。三解脫門的教導在許多早期的佛教經典中可以找到，這些經典的集結早於《心經》大約一千年。

我們已經知道，我們的色、受、想、行、識每一刻都在變化，它們在不停地轉化和演變。但是空性不只是說五蘊，而是諸法皆空。「諸法」在新的英譯版中譯爲一切現象。

佛陀在世時，「神我」這個信念來自許多印度的靈修傳統。人們相信在我們經歷的所有變化背後，有一個稱爲「我」（ātman）——不變、不死的靈魂。人們相信，當身體分解時，靈魂會在另一個身體延續，它會一直在生生世世中學習需要學的課題。靈修的目的在於小我（ātman「我」）與大我（Brahman「梵」）合一。

當佛陀開始傳法時，佛挑戰了這一信念。佛說沒有任何東西可以稱之爲

「我」。這是一場革命的開始。佛陀向我們展示，一切現象只是因緣和合而成的顯現。在任何現象中都沒有恆久不變的東西，無論你稱之爲 **ātman** 或是 **Brahman**，個體我還是宇宙大我。佛陀的教導旨在破除我見和我執。儘管如此，在佛入滅後的幾個世紀，「我」的觀念又重新回流到某些佛教宗派中。

說一切有部

說一切有部是佛教非常強大和有廣泛影響力的宗派，它在西元前一世紀起源於喀什米爾，並在西北印度興盛了近千年。說一切有部的一些重要經

①梵文是：vimokṣa-mukha，巴利文（Pali）是：vimokkha-mukha。

典，從梵文被譯成漢文②。他們希望忠於佛陀的教導，因而說「無我」，但同時又宣稱構成人的基本元素——五蘊、六根、六塵等爲「實有」③。這是佛陀從未說過的。根據說一切有部，雖然五蘊並無「人我」，但每一蘊都獨立存在。這就好像說洋蔥沒有心，但每一瓣都獨立存在。根據這樣的論說，我們可以把萬事萬物細分，而這些細微的元素都獨立存在。

但隨著量子科學的出現，許多科學家都不再如此看待物質。科學家們同意物質是由原子組成，原子由次原子粒子構成，他們認爲這些粒子並不獨立存在，只是整體的一部分。根據這個原則，電子是由非電子的元素造成。沒有電磁場，電子不可能是電子。對於質子和中子亦如此。質子是由非質子的元素造成，它與宇宙中的一切相互關聯。不僅如此，次原子粒子是動態的，時刻都在變動。

在我們對宇宙的觀察中，從最細的基本粒子到一根草、一條河、一道陽光、一個遙遠的星系，有什麼是靜止的？我們的身體並非靜止的，它如同一條由細胞組成的河流，不停流動。我們身體的細胞無時無刻不在經歷生與死。因此，根本沒有一個我，沒有永恆的靈魂，沒有不變的東西，有的只是延續。河流在那裡，深觀，你會看到沒有一個「我」在令河水流動；沒有一個「我」在指揮或控制，沒有一個在下命令的老闆。河流有不同的名稱，但無論是恆河、尼羅河或密西西比河，河流本身都在不斷變化，時刻在更新，

②如《中阿含經》（T26，瞿曇僧伽提婆〔Gotama Saṅghadeva〕中譯），其中包含了第 200《阿黎吒經》，以及《雜阿含經》（T99，求那跋陀羅〔Gunabhadra〕中譯）。

③梵文是：pudgala-nairātmya（補特伽羅無我），sarva sarvadā asti（一切……恆有）。

唯一沿用的只是那名字。你無法在同一條河裡沐浴兩次，河流也無法迎接同一個你兩次。當你再回到這條河時，你已是個不同的人。你時刻在變化流動，河流也時刻在變化流動。

一切現象是空相

不只是人身，一切現象也無恆久不變、獨立存在的我④。觀世音菩薩在《心經》裡爲舍利子解說這甚深的智慧。在此經中，觀世音菩薩代表了大乘精神，希望恢復佛陀說諸法皆空的原始教理；舍利子則代表了阿毗達磨，成爲佛教哲學主流，著重分析和研究的學派，如說一切有部。

相即的智慧，是說沒有任何東西能獨立存在，一切存在有賴於其他一切。無常的智慧，是說沒有任何東西是靜止的，沒有任何東西恆久不變。相即，意味著無獨立的自我，但無常其實也是指無獨立的自我。從空間的角度來說，我們說空性即是相即，從時間的角度來說，我們說空性即是無常。

是故諸法皆空，一切現象都不是獨立存在，無論從時間還是空間來說⑤。如果你繼續認爲沒有一個獨立的自我，但五蘊獨立存在，那麼你只理解了佛陀所教導的百分之五十。一切皆無獨立的自我，如此的了悟帶來莫大的喜樂。

④梵文是：svabhāvaśūnya，自性空。
⑤梵文是：sarvadharmāḥ śūnyatālakṣaṇā 諸法空相。

6

快樂的延續

舍利子。是諸法空相。不生不滅。

Listen Śāriputra,
all phenomena bear the mark of Emptiness;
their true nature is the nature of
no Birth, no Death

舍利子
一切現象是空相
不生不滅

每天，我們目睹生死，爲何觀世音菩薩說「不生不滅」？

假如我從左到右畫條線來代表時間。我們想像左邊爲過去，右邊是未來。你從線的左邊取一點，稱其爲「生」——你出生的那一刻。

只是這樣設定一點爲「生」，我們會遇上問題。你以爲自己出生之前不存在，屬於「無」的領域，你只是在「生」這一點才開始存在。你相信你在這條線上前行，過著自己的生活，你一直是同一個人，直至你去到線上的另一點「死」。你相信，當你到達「死」這一點時，你就不再存在，你從「有」回到「無」的領域。

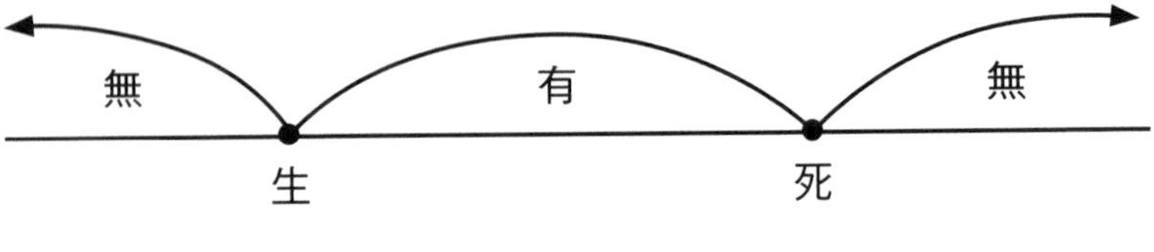

試想一隻快生蛋的母雞。在她生蛋以前，雞蛋已在她之內。同樣地，在你出生前的九個月，你已在母親體內。很明顯地，你在出生以前，在「生」這一點之前已存在。事實是，如果某些東西已經存在，那麼這些東西根本不用「出生」。如果你不是已經存在，怎會突然變成存在，從無變成有？

事實上，你在母親受孕之前已經存在。組成你的一半元素已在你母親之內，另一半元素在你父親之內，不只是就基因和染色體而言，思想、信念、特質和才華也如此。若是再往前推，你會看到自己也存在於你的祖父母、曾祖父母以及他們的父母及祖父母之內。深觀，你會看到自己沒有一刻不存在。母親生你之時，並非你出生的那一天，而只是你以這個形相顯現的一天。你一直在那裡。沒有生，有的只是延續。你所謂的生日，其實只是你的延續日。下次當你慶祝生日時，你可以說：「延續日快樂。」

讓我們再次深觀這張紙。如果我們說木漿被壓成紙的那一刻便是紙誕生的時刻，這是正確的嗎？這是不可能的，因爲這張紙在那一刻之前已存在於許多不同的形態中：木漿、樹木、陽光、雨水、雲朵。此刻仍如此——它繼續是雲朵、樹木、陽光。當我們深刻地接觸這張紙，會看到造就這張紙的森林、陽光及其他元素。如果我們移去森林或這些元素中的任何一種，這張紙將不復存在，我們也不會再看到這張紙顯現。這張紙不只過往是樹木、陽光、雲朵、雨水，當下此刻，它仍然是樹木、陽光、雲朵和雨水。它是一種聚合而成的現象，因緣和合而顯現。

因此，我們說這張紙誕生的一刻，並非它眞正的出生——因爲這張紙不可能從無到有。實相是，這張紙無生。它從未誕生——它成爲紙這一形相的那刻，只是延續的一刻，而非它誕生的時刻。

更深入地觀照，我看到過去世的我也是一朵雲。這並非詩意，而是科學。我正如這張紙，不只前世是雲朵，現在仍然是朵雲。我由地、水、火、風組成。我所飲用的清水曾經是一朵雲。我所享用的食物曾經是陽光、雨水、土地。就在這一刻，我是雲朵、河流、空氣；因此我知道我過去也曾是雲朵、河流、空氣。我曾是石頭，曾是水裡的礦物質。這並非是否相信輪迴的問題，這是地球上生命的歷史。我們曾經是氣體、陽光、水、菌類、植物。我們曾為單細胞生物。佛陀說，在過往某一世中，他是樹木，是魚兒，是一隻鹿。這不是迷信。我們每一個人都曾是雲朵、鹿、魚兒；今天，我們仍繼續是這些物種。

無物被創造，無物被毀滅

「生」這個概念是我們心的創造。一旦認爲有生，就代表有死，然而在究竟實相裡，無生亦無滅。出生，意味著你從無變成有，但觀看雲朵，它並非如此。雲出現在天空以前，並非是無，之前她是海洋裡的水，是太陽製造的熱力，也是升到天空中的水蒸氣。當我們看不到天空中的雲時，它並未死去，只是變成了雨或者雪。「死」這個概念也是我們心的創造。從有變成無是不可能的。雲並未死去，它正在以新的形相顯現：雨水、冰雹、雪花、河流，以及我雙手捧著的茶。雲的本性是不生不滅。

那麼，這張紙呢？它會死嗎？我們以爲，如果要毀滅這張紙，只需劃根火柴，它就會在火焰中消失，變成「無」。但事實是，當我們燒掉這張紙時，它會變成其他東西，以其他形相——灰、煙、熱能的形式——在我們和宇宙中延續。熱能是這張紙許多未來生中的一生，上升到天空中的煙也如此，灰燼會回歸大地，成爲土壤的一部分。所以，這張紙未來生可能是一朵雲，又同時是一朵玫瑰。我們應深觀，以體悟這張紙從未生，也永不會死。它的形相會轉變，但我們不可能將一張紙變成「無」。

宇宙萬物皆如此，包括你和我。我們無有生死。一位禪師可能問弟子這樣的問題：「父母出生前，你的本來面目是什麼？」這是在邀請你踏上旅程，在你所有不同的顯現中辨識自己。如果深觀，你會看到自己的過去世及未來世。這不是抽象的哲學，這是實相。看著自己的手，問自己：「我的手在這裡多久了？」如果深觀，你會看到你的手已在這裡許久了，千年、萬年、百萬年。你能在手中看到許多世代的祖先。你的祖先不只活在過去，也活在此刻，活在你之中。你是他們的延續，他們並未死去。如果他們死去了，你的手何以在此呢？

正如法國科學家安托萬．拉瓦節（Antoine Lavoisier，1743-1794）所說：「無物被創造，無物被毀滅。」這正是《心經》所言。即使最優秀的現代科學家也無法將塵埃變成「無」。一種能量或物質也許變成另一種能量或物質，但萬物不可能從有變成無，即使最細小的微塵。

深觀一片葉

一個秋日，我在公園漫步，陶醉於觀看一片小而美麗的心型樹葉。它逐漸變成紅色，輕輕地掛在樹枝上，快要掉落。我花了很長時間與這片樹葉在一起，問了許多問題。我發現她曾是這棵樹的母親。通常我們以爲樹是母親，樹葉是她的孩子。但深觀這片樹葉，我看到她也曾是這棵樹的母親。樹根吸收的養分稱爲木質部樹液，但那只是水、胺基酸及礦物質，並不足以滋養這棵樹。因此，樹把樹液輸送到樹葉，然後有賴於陽光和二氧化碳的幫助，轉化成韌皮部汁液，富含醣類，樹葉又以此滋養這棵樹。所以，樹葉也是樹的母親。葉梗將葉子和樹連結在一起，兩者之間的連繫顯而易見。

我們就像那片葉子。當我們在母親的子宮裡，我們也通過葉梗——臍帶——與母親連結在一起。我們的所有養份都通過臍帶獲得。母親爲我們呼吸、爲我們進食、爲我們喝水，爲我們做一切。然後有一天，這條臍帶被剪斷了，我們開始認爲母親與我們是分開的個體。然而事實是，母親一如既往地滋養著我們，她在我們身體的每一個細胞裡。我們繼續接收來自母親的滋養，以及她的痛苦與煩惱。這些一直影響著我們，就像我們在母親的子宮時那樣。那條臍帶仍在，不是只到我們十八歲，而是存在於我們一生。

當我們能看到這條臍帶，便能開始看到無數條把我們與周圍的所有生命連繫在一起的「臍帶」。在我們與河流之間，有一條臍帶。我們每天喝的水，從山上的清泉和溪流來到我們的廚房。所以，河流也是一位母親，在我們與河流之間有一條隱形臍帶。如果我們尚未見到這條臍帶，那是因爲我們未能足夠地深觀。在我們與雲之間，有一條臍帶；在我們與森林、與太陽之間，有另一條臍帶。太陽猶如我們的父親。缺少與太陽的連繫，我們和萬物都無法生存。我們由無量的父母滋養和支持著。河流、野生動物、植物及泥土裡的所有礦物質，都是我們的父母，也是地球上一切現象的父母。因此，佛經說，眾生皆是我們無量世以來的父母。

無數臍帶把我們與宇宙中的一切、與整個宇宙連繫著。你看到了你與我之間的連結嗎？如果你不在那裡，我就不會在這裡，這是肯定的。如果你仍未看到，請更深入地觀照，我相信你一定能夠看到。

那個秋日，我問那片樹葉是否害怕掉落。那是秋天時分，其他葉子都在凋落。那片葉子告訴我：「不。整個春天和夏天我充滿生命力。我盡力工作，滋養這棵樹。大部分的我已經在這棵樹之中。請不要以爲我只是這個形相，葉子這個形相只是我的一少部分。我是整棵樹。我知道，我已經在這棵樹之中，當我回歸大地時，我會繼續滋養這棵樹。因此，我並不擔心。當我從樹枝落到大地時，我會向樹揮手，對她說：『我們很快會再見。』」

忽然，我有了一種洞見，非常接近《心經》的智慧。你要能夠「看到」生命。你不應該說樹葉「的」生命，而是樹葉「中」的生命，樹木「中」的生命。生命就只是「生命」，你能夠在我之中、在樹木之中看到。我看到樹葉從樹枝掉落在大地上，在快樂地起舞，因爲當它掉落時，已經看到自己在這棵樹之中，這是多麼的快樂。我合掌鞠躬，知道自己能從這片葉子中學到很多，因爲它並不害怕，懂得無生亦無滅。

我不只是這個身體

認爲樹葉從樹枝掉落到大地上就是死去，認爲那就是樹葉的整個生命，這個想法是錯誤的。在那片樹葉九個月的生命裡，它已經貢獻了很多。它呼吸，製造氧氣，進入了我們內在。修習行禪時，我們吸入清新的空氣，得到樹葉的滋養，因爲空氣某種程度上由樹葉製造。那片樹葉落在大地上，進入我和那棵樹之內。要看到樹葉去到的所有地方，並不容易。我們不要認爲看到的地上的枯葉，就是葉子的全部。只有如此深觀，我們才能眞正看到那片樹葉，它存在於每一處。

經過數月以來的工作，樹葉滋養那棵樹，滋養其他物種，遮陽，令生命美麗，然後優美地落在大地上，無有恐懼，因爲它知道自己已在處處。它沒有將自己認同爲落在大地上的那個形相，因爲回歸大地只是它的一少部分。未來它會再次成爲一片樹葉或者一朵花。無所得，亦無所失。

當我們觀察一片樹葉，應如此觀照，以看到葉子的緣起，看到它不只是存在於葉子裡，也存在於樹木及其他一切現象中。一旦我們能如此深觀，我們的悲哀與憂傷將會止息。

無畏施

如果你已了悟空性，你就能施予別人無畏。這是珍貴的施予，能夠幫助臨終的人。當臨終的人執著於他們只是這個身體的想法時，他們會感到非常恐懼。明瞭我們的身體並非獨立的個體，這非常重要。我們的身體由一切非身體的元素組成。我們的身體在這個身體之外延續著。一旦看到這個身體的本質，它的生滅、來去將不再能觸碰我們。如果我們感到恐懼，是因爲我們還未眞正了解這個身體。感恩我們能夠接觸到這個身體的眞正本質，讓我們能超越悲傷與恐懼。

不要等到瀕死時，才開始觀照這個身體不是我。我們應立即開始深觀這一實相，如此，我們才能幫助臨終的人。當我們自己面對死亡時，心安，無畏亦無懼。

大多數人活在生與死的領域，他們忘了萬物不生不滅的本性。我們應知道，我們的生命就在當下，不生不滅。「知道」這兩個字在這裡很重要。知道，意味著證悟。證悟，即是正念。所有禪修，均旨在讓我們對一件事覺醒——生與滅從來不能以任何方式觸及我們。

有人用六、七年修讀博士學位，年復一年地熬夜。我們花了多少時間，多少分鐘、小時和夜晚專注於深觀這部經給予我們的智慧呢？學習《心經》並非學術性的研究，而是關乎我們的解脫。學習《心經》，我們可以洞見實相，從煩惱、痛苦和恐懼中解脫出來。

7

你看到向日葵嗎？

Listen Śāriputra,
all phenomena bear the mark of Emptiness;
their true nature is the nature of…
no Being, no Nonbeing

舍利子
一切現象是空相
……
非有非無

我住在法國西南部多爾多涅的梅村，該區域以向日葵聞名。但人們四月來到梅村時，看不到向日葵。他們聽說這周圍有很多向日葵，但一朵也看不到。然而，如果你問農夫們，他們會說，他們很清楚地看到向日葵，因爲他們剛剛播撒了向日葵種子。他們翻土、播種、施肥，知道只需多一個條件，向日葵就會顯現。這個最後的條件是暖和的天氣。當天氣開始回暖時，向日葵種子萌芽，到了六、七月，向日葵就會盛開。

所以，農夫們能看到訪客所看不到的。我們說這裡一朵向日葵也沒有，是因爲我們沒有看到所有潛在的因緣條件在等待著。我們傾向於相信，沒有看到向日葵，向日葵就不存在；當我們看到向日葵時，它們突然存在。「不存在」這個說法並不正確，但「存在」這個說法也不正確。當某些東西尚未顯現，我們傾向於相信它屬於「無」的領域；當它顯現時，我們說它屬於「有」的領域。但「有」與「無」這兩個概念皆不合乎實相。我們無須等到鮮黃色的向日葵在田野裡盛開，才說向日葵在那裡。它們已經在那裡隱藏著，我們看到與否，關乎時間和潛在的條件。

我們的身體是因緣聚合而成的顯現①。你的身體就像向日葵，如果缺少了某一個元素，就不會顯現。佛教清楚地教導，當某些東西顯現時，它無所從來；當它不再顯現時，它無所從去。它沒有生，也沒有死。它並未從有的領域去到無的領域。

①佛學專有名詞為「行蘊」（saṃskāra）。

眞諦與俗諦

我們說有二諦：眞諦（即究竟眞理、絕對眞理）和世俗諦（又稱世諦或俗諦，即相對眞理）②。生與滅、有與無、上與下、來與去、同與異、垢與淨、增與減，所有這些概念都可以稱爲世俗諦，是我們日常生活中所用的概念，用於歷史向度——相對眞理的範疇。如果我們的出生證明沒有列明我們的出生日期，我們就無法申請護照或身份證。生與死是重要的、上與下是重要的、左與右是重要的。政治上，你知道自己是左派還是右派。如果跟隨全球定位系統，你知道左不是右，右不是左。

在世俗諦中，這些對立隨處可見。這是你和我，這是父和子。父子彼此不同，人與動物不一樣，動物異於植物，植物與礦物相異。在世俗諦中，有分別計較。事物存在於彼此之外，此不同於彼。

但是，如果我們更深入地去看，我們會看到不同的東西。我們看到眞諦，萬事萬物都在彼此之中。我們認爲父與子是兩個不同的人，但事實上他們之間並沒有眞正的隔閡。父親把兒子延伸到過去，兒子把父親延續到未來。這是究竟的領域，一切皆在彼此之中，一切相互依存，內與外這些概念並不適用。

對於上下的概念亦然。如果我們站在升降機前，我們需要知道自己是想上還是下。我們需要上與下的概念來知道自己是否停在十樓，還是要到地下。地下是在下面，十樓是在上面。但如果我們問坐在地球另一半的人，

② Paramārtha-satya 是真諦，saṃvṛti-satya 是世俗諦。

他們不會同意。如果他們看到我們在升降機上往上去，他們會說我們是在往下。上與下的概念只是相對而言。在眞諦中，無上亦無下。其他對立如來與去、生與死、有與無，亦然。

尋找中道

不生不滅、不斷不常、不一不異、不去不來，稱爲八不中道③。生與滅、有與無、來與去、一與異這八種概念並不適用於眞諦中的任何現象。要接觸一切現象的本性，就須在這些對立中找到中道。

《心經》的漢文和梵文版都未提及「非有非無」。經文只有三組對立：不生不滅、不垢不淨、不增不減。要接觸到究竟實相，我們需超越所有對立——一切二元思想。在新譯的英文版中，我加上了「非有非無」，因爲空性的詮釋必須包含非有非無的教導，以讓人們不掉入以爲空性是無和不存在的陷阱。理解非有非無，幫助我們明白不生不滅，從而避免掉入區分事物爲存在或不存在的陷阱。

上帝存在嗎？

西方神學和哲學浪費了許多時間，嘗試證明某些東西存在與否。人們都在問，例如：上帝是否存在？二千年過去，人們還在爭論這個問題，未能達到讓人滿意的結論。一些人說上帝存在，另一些人說上帝不存在。但是佛教在二千多年前，就在說眞諦超越有無。如果上帝是究竟的，那麼上帝一定超

③見於龍樹的《中論》。

越有無。我們不能說神存在，或是說神不存在，因爲存在與不存在只是同一實相的兩面。

「有」是偏於一邊（邊見），「無」是偏於另一邊。我們必須超越有與無。「相即」這個詞能幫助我們看到究竟實相。相即，意味著你無法獨立存在，你與萬物相互依存。相即能夠把世俗諦與眞諦連接起來，慢慢地將你帶到空性。空性代表究竟實相，萬物的本性。在這一層面，無始亦無終，無生亦無滅，有與無的概念移除了。

「有與無」的概念彼此對立，爲此我們掙扎於辯論是有還是無。當我們談到眞諦時，我們用到「空性」這些詞。「空」在這裡並無對立之意。起初，我們以爲「空」是「滿」的對立，但正如我們所說，「空」即是「滿」。你沒有一個獨立的自我，但你包含了整個宇宙。

在西方，有與無這個問題已爭論了二千多年。但在佛教裡，「有與無」並不是問題。我們修習超越有與無的概念。我們移除有與無之間的界限，藉此看到實相的本性。當佛陀被問及何種正見能讓我們接觸眞相時，佛陀回答：超越有無之見④。這即是佛教所說的正見。因此，現在當有人問你是否存在，你可以說：「我不執著於存在或不存在這些概念。我不執於有或無，我與萬物相依而存！」正見是我們瞬間即可獲得的洞見，我們無需花費時間去討論它。正見幫助我們節省了不少能量、口水和墨汁。

④見於《闡陀經》以及《迦旃延經》。

8

玫瑰與垃圾

舍利子。是諸法空相……不垢不淨。

Listen Śāriputra,
all phenomena bear the mark of Emptiness;
their true nature is the nature of…
no Defilement, no Purity

舍利子
一切現象是空相
……
不垢不淨

垢與淨，是我們的心創造的概念。看到花瓶中美麗的玫瑰，我們說它是潔淨的。玫瑰芳香清新，與我們對淨的想法一致。反面則是垃圾桶，它臭氣熏天，裝著腐壞的東西，因此我們說它是垢。但是，如果我們深觀垢與淨這兩個概念，就有機會接觸到相即的智慧。

玫瑰會在五、六天之間變成垃圾的一部分，但我們無須等到五天後才看到。深觀玫瑰，我們此刻就能看到。深觀那個垃圾桶，我們會看到，桶裡的垃圾幾個月後會轉變成玫瑰。

假如你是一位出色的有機耕作者，如果以菩薩之眼觀看玫瑰，你能看到垃圾；望著垃圾，你能看到玫瑰。玫瑰與垃圾相即而存。沒有玫瑰，就沒有垃圾；沒有垃圾，亦無玫瑰。玫瑰與垃圾同等重要，垃圾與玫瑰一樣珍貴。

不善亦不惡

我們被自己關於善惡的想法囚禁著。我們只想要善，希望移除所有惡。但這只是因爲我們忘了善由非善的元素組成。假設我們手握一枝漂亮的樹枝，當我們以無分別的心看著它時，會看到美麗的樹枝。但一旦我們開始分別這端是左，那端是右，就有問題了。我們可能會說我只想要左，不想要右，難題即刻產生。政治上，如果沒有右派，如何有左派？假設我們不想要樹枝的右端，只想要左端，我們想把實相破開，企圖擲掉其中一半。然而一旦我們這樣做，剩下的一端又變成了新的右邊——因爲一旦有左，就會有右。如果我們感到懊惱，再一次這樣做，我們仍然有左也有右。

善惡亦然。你不可能只有善，你無法把惡完全清除。感恩有惡，才得以有善，反之亦然。如果演話劇，你扮演英雄的角色，那麼你得有一個對手，英雄才成其爲英雄。在佛教裡，我們稱那位對手爲魔王——那嘗試阻止佛陀證悟的魔王。以下關於佛與魔的故事，反映了佛教關於善惡關係的洞見。

一天，佛陀在山洞裡，佛的侍者阿難站在洞口。忽然，阿難看到魔王走過來，阿難感到驚訝，他不想魔王到來，希望魔王沒有注意到他而離開。但魔王直朝阿難走去，請他告知佛陀，魔王來了。

阿難說：「爲什麼你會來？難道你忘了許久以前佛陀在菩提樹下擊敗了你嗎？你來這裡，不感到羞恥嗎？走開！佛陀不會見你。你是邪惡的，你是佛陀的敵人。」

魔王聽到阿難這樣說，開始不停地笑：「你是說你的老師有敵人嗎？」這使阿難非常尷尬。他知道佛陀從未說過佛有敵人。阿難被擊敗了。他走進山洞說魔王來了，他希望佛陀會說：「告訴他我不在這裡，我在開會。」

但當佛陀聽到魔王到來，非常高興這位老朋友前來探望「是魔王？請他進來。」阿難感到失望。魔王進去後，佛陀起身迎接，視其爲貴賓，請他坐在給尊者坐的座位，熱情地握著他的手，說：「魔王，你好！你最近一切安好嗎？」

佛陀吩咐阿難去爲他們泡香草茶。「我樂意每天爲老師泡一百杯茶，但要爲魔王泡一杯茶，那眞糟糕。」阿難這樣想。但這是老師的吩咐，他怎能拒絕。於是，他去爲佛陀及其所謂的客人準備香草茶。當他泡茶時，一直注意他們的對話。

佛陀親切地重複問：「你最近好嗎？日子過得怎麼樣？」

魔王說：「日子很難過，我厭倦了做魔王，想做別的——或許做像你這樣的人。無論你去到哪裡，人們都頂禮和供養你。」

聽到魔王這麼說，阿難感到惶恐。魔王說：「你知道嗎？做魔王眞不容易。你說話時，要說得讓人感到莫名其妙。無論你做什麼事，都得狡猾，要看起來邪惡。我眞的厭倦了這樣。最讓我受不了的是我的弟子。他們現在都在談論社會公義、和平、平等、自由、不二、非暴力，諸如此類。以前，他們會聽從我說的一切，現在他們都在造反。魔軍的指揮官要求坐禪，你能相信嗎？他們想修習正念、行禪、止語進食、保護生命、保護環境和大地。他們使我瘋狂。我不知道是誰在影響他們。我受夠了！我想，我還是把他們都交給你好了，我想做別的。你何不與我交換位置？」

這時，阿難嚇得顫抖。魔會變成佛，佛會變成魔，這使他很失望。

佛陀專心聆聽，充滿慈悲。最後，佛陀輕聲地說：「你以爲做佛陀很有趣嗎？你不知道我的弟子是如何待我的。我未說過的話，他們說是我說的。他們建造宏偉的寺院，把我的造像放在佛壇上，讓人們供奉香蕉、橘子、米飯，但這一切都是爲了他們自己。他們把我包裝起來，把我的教導變成商品。魔王，如果你眞的知道做佛陀是怎麼一回事，你一定不會想要當佛陀。」

＊
＊
＊

在西方，我們已經爲「惡」這個問題掙扎了許久。惡是怎麼形成的？這似乎不易理解。但是在不二的光芒下，理解這一點並不難：一旦有了「善」這個概念，就會有「惡」這個概念。佛陀需要魔王才能展現自己，反之亦然。佛陀，正如這張紙，本性是空；佛陀是由非佛陀的元素組成。當你如此觀察實相，你將不再歧視垃圾，只鍾愛玫瑰，你會珍視兩者。

名稱問題

美國多年來試圖將其他國家說成邪惡恐怖，由北越到前蘇聯、伊朗、伊拉克和北韓。有些人甚至虛妄地認爲，他們可以不需要這些國家而獨自存活。其他國家也可能相信，他們能夠無需美國而存活。他們稱美國爲美帝國主義或異教徒，並且相信必須剷除美國，才能幸福快樂。這是二元思想，猶如你相信能夠有右而無左。當你偏於一邊，那是在企圖消滅實相的一半，這是不可能的。

深觀美國，我們看到伊朗；深觀伊朗，我們看到美國。在國際政治中，每一邊都在假裝自己是玫瑰，稱另一方爲垃圾。最近，一位年輕人問我：「爲什麼我們把不同的名字加在不同的東西上？他們本來是共存的，本來是一體。」那是一個很好的問題。我回答：「名稱是許多問題的根源。我們給予不同的地方個別的名稱，如美國、伊朗和伊拉克。但事實上，它們全都歸於大地。以色列和巴勒斯坦是身體的一雙手。」

如果你希望自己能存活，就得爲另一方的存活而努力。存活，意味著人類整體的生存，並非只是其中某部分。這不只適用於美國和中東，對於東與西、南與北也一樣。如果一個國家的南方無法存活，那麼北方也會瓦解。如果發展中國家無法償還債務，所有人都會受苦。如果我們不照顧好貧窮國家，富裕國家的幸福也難以持久，我們將無法長期維持現在的生活方式。只有當我們接觸到內在的無分別智，我們才能都存活下來。

《中部》有一篇短經，說世界是怎樣形成的。這篇經文非常簡單易懂，卻非常深妙：「此有故彼有，此生故彼生；此無故彼無，此滅故彼滅。」這是佛教緣起的教導。

我們的生命如此，是因爲其他生命如此。每個國家的人民都是人類。我們無法只通過統計來理解一個人。我們不能把要做的事情都交給政府和政治家，我們需要自己行動。如果我們能夠理解伊拉克或蘇丹、阿富汗或敘利亞公民的恐懼和希望，我們就能理解自己的恐懼和希望。如果我們對實相有這樣清晰的理解，我們無須看很遠，就能看到自己應該怎樣做。

我們不是分開的個體，我們緊密相連。玫瑰就是垃圾，士兵就是人民，罪犯也是受害者，富翁也是極度貧窮的女人，佛弟子也是非佛弟子。「此有故彼有。」我們沒有人是清白的。這一刻，沒有任何人能說我們不對那些境況負有責任。一個孩子被迫成爲童妓，是因爲我們生活的方式；難民被迫在難民營中過那樣的生活，是因爲我們生活的方式。武器供應商的生意爲他們帶來利益，也促進了經濟發展。此促成彼，彼促成此。富裕與窮困，富裕的社會與貧窮的社會相即而存。我們社會的富裕是由別國的貧困促成。富裕是由非富裕的元素造成，貧窮是由非貧窮的元素造成。

我們對周遭發生的一切都負有責任。如果我們以相即之眼深觀自己，會看到那些童妓、童兵、飢餓的母親和新移民。我們受著他們的痛苦，以及整個世界的痛苦。我們的心能從這相即的智慧中生起眞正的慈悲，知道什麼應該做，什麼不應做，從而幫助改善那些處境。

9

月還是月

舍利子。是諸法空相……不增不減。

Listen Śāriputra,
all phenomena bear the mark of Emptiness;
their true nature is the nature of…
no Increasing, no Decreasing.

舍利子
一切現象是空相
……
不增不減

我們許多人以爲成長的過程是「增」，衰老的過程是「減」。當我們說塵歸塵、土歸土，那聽起來並不有趣，因爲我們沒有人想歸於塵土。這是我們分別心的思考模式，因爲我們其實不知道塵是什麼。每一粒原子都是一個浩瀚的奧祕。我們仍未完全理解電子和核。對於科學家而言，一粒塵甚爲有趣，微塵是一個奇蹟。

在越南文學中，李朝的慶喜禪師在十二世紀寫下了這四句詩：

若宇宙在
微塵亦在
若微塵無
宇宙亦無

存在與不存在的概念是我們心的創造。詩人亦寫下：

髮尖容納宇宙
芥子看到日月

一即一切，一切即一。

＊
＊
＊

我們傾向於相信自己遠比一粒微塵大，我們是偉大的，微塵是渺小的。

但深入觀察，我們會發現一粒塵和一個人同樣地美妙。塵中有人，人中有塵。無須等到死後才歸於塵土，每一刻我們都是塵土。當你看到實相不增不減的本性，你將不再恐懼，不再感到自驕或自卑。

這是古老的諺語：

你應謙虛，因為你由塵土造；
你是神聖，因為你來自星辰。

但是，星星也由微塵所造，微塵亦由遠古的星辰所造。星與塵相即，聖與凡相即。看到此，即看到彼。

我們已變得非常傲慢，以為自己已完全了解一粒塵，我們甚至假裝自己已完全了解一個人——當一個人回歸塵土時，他還是同一個人。當我們與一個人共同生活了二、三十年，我們感覺自己已了解那個人的一切。開車時，對方坐在我們身旁，我們的心卻想著別的事。坐在我們身邊的人，其實是個眞正的奧祕！坐在你身邊的人，是宇宙的奇蹟，是遙遠群星的孩子。

如果我們用觀世音菩薩的眼睛去看，我們會看到那個人的一根髮絲藏著整個宇宙；一根眼睫毛，可以是開啓究竟實相的一扇門。微塵裡藏著淨土、天國。你，一粒微塵，與萬物相即。我們應謙虛，正如孔子所說：「知之爲知之，不知爲不知，是知也。」

無分別

不同的人類文化中都有小麥和稻米的種植。每天，我們要吃兩到三餐，因此得種植大量穀類和蔬菜。我們需要這些，知道這些都是必需品，是好東西。但其他種子和植物，我們則不重視。我們種植稻米，不希望野草和毒葛叢生。但那不代表野草和毒葛是不好的，是我們不需要的。對於大地母親而言，野草和毒葛與菊花和迷迭香同樣美好。是我們的心識作出區分，並宣稱：「我想要這，不想要那；我想要幸福；我希望周圍清潔乾淨；我喜歡這，不喜歡那。」大地母親沒有這些想法。對她來說，實相的本性是不垢不淨，不增不減。

萬物的本性是無記①（不善不惡），未被善惡等概念所局限。作爲人類，我們有自己的需要、欲求、貪愛以及分別心，因此，當我們看待事物時，以善、惡、增、減、垢、淨等觀念去區分。

大地母親無有分別心。如果你將香水或鮮花灑到她身上，她不會感到驕傲。如果你潑之以大小便，她也不會覺得被冒犯。對她而言，一切都完美。

她知道無此即無彼。沒有污泥，長不了蓮花。我們能夠從大地母親學到很多。

文明的終結

捨棄我們對於增和減的概念，對我們保護環境的心願很有幫助。我們污染了水源、土地、空氣，我們破壞了森林和野生環境。海平面升高，無數物種瀕臨滅絕，這些帶來憂慮和絕望。我們關心的是有毒物質在「增」，健康物質在「減」，這來自我們的分別心。

①梵文是 ayakta。

從大自然和宇宙的角度來說，沒有擔憂和焦慮，因爲萬物的本性不增不減。在地球的整個歷史中，文明社會遭到破壞，是因爲人類不懂得彼此和諧共處，不懂得與大自然和諧共處。我們現今的文明社會，正走在同樣的自我破壞過程中。如果我們繼續目前的生活方式，維持這樣的生產和消費模式，毫無疑問，我們的文明會遭到破壞。但大地母親會恢復、療癒和重建平衡，她會造就另一個文明，儘管那可能需要幾百萬年的時間。對於大地母親，不增亦不減。她以不同尺度看待時間與空間，而不以人類爲中心。

我們許多人都在掩蓋心中的恐懼，害怕直面內心的恐懼。佛陀建議我們喚醒恐懼的種子，直面它。

我們害怕改變，因爲氣候變遷而恐慌。我們知道，如果持續以目前的方式生活，巨大的災難將會發生——許多沿海城市會氾濫，新的疾病會出現。

我們大規模砍伐森林，藉以生產肉類。大約百分之八十的農作物用於飼養動物，或是種植穀類以飼養動物，這是地球所有陸地的百分之三十。我們破壞森林，製造了從未有過的大量溫室氣體，危害了我們的文明社會。我們之中許多人都已意識到，但因爲感到恐懼而不知該如何做；我們感到無力，不知所措。又或者，我們在否認。

佛陀建議我們深觀正在面對的恐懼和危險的本質。我們的文明社會終有一天會終結，它無法避免滅去。如果我們繼續這樣的生活方式，充滿貪婪、憤怒、妄想，將會加速文明社會的終結。一個文明社會的生命，就像一個人的生命。在現象層面，有生也有滅。也許我們的文明社會終結後，大地會更新自己，新的文明和物種會出現來延續我們。生滅循環不息。然而，從眞諦的角度來看，不生不滅、不增不減，無有所失。

我們須接受這個文明社會的終結。接受死亡，會帶來釋懷，這在某方面是好的。你接受死亡無可避免。我認識一位住在越南河內的比丘尼，醫生說她患有癌症，只能活三個月。起初，她很震驚，不願相信。她反抗、憤怒，感到恐懼和絕望。但最終，她接受了自己會死這個事實。她給在法國的我寫信，說她希望在死之前來到梅村，與我們共修幾個月，然後回到越南等待死亡。於是，我們邀請她來到梅村。

她到達後幾天，這裡的尼眾建議她去看醫生，檢查身體。她拒絕了，說：「不。我不用看醫生。我已經接受了我會死去。我來這裡不是爲了看醫生或接受治療，而是想與你們一起度過餘生。我想做的，只是在一天中深刻地活在每一刻，深刻地修行。」時間就這樣過去，因爲她能如此生活，也因爲她已接受了死亡，她能眞正平靜安詳地活著。大概三個月後，她的簽證快到期了，這裡的尼眾又一次勸她去看醫生，只是去看看而已。這次她接受了。醫生爲她做了詳細檢查，並宣布：「眞的難以置信，你的癌症消失了，你現在孌強壯呢！」她回到河內，繼續活了十五年。

類似這樣的故事有許多。這些故事告訴我們，如果我們能夠接受事實，我們會感到安詳。當我們感到安詳，我們將能夠療癒。如果我們能夠接受現實，知道持續這樣的生活方式，我們的文明社會將遭到破壞，千百萬人將會死去，如果眞的能接受這個事實，我們會感到平和。否則，絕望、憤怒、恐懼將使我們恐慌，在氣候變遷帶來最惡劣的影響之前，從而加速人類文明社會的終結。

我們應如何做？

我們必須接受事實。當我們能捨離對於文明社會遭到破壞所帶來的恐懼與驚慌，我們會清楚地知道自己應該怎樣做。我們將能一起實施解決方法，拯救地球。根據聯合國在二〇〇六年十一月二十九日發布的報告，只是減少肉食量百分之五十，就足以拯救我們的文明社會，這是我們輕易就能做到的。

我們的恐懼會摧毀我們。但如果我們能從大地母親的角度，以「不增不減」的智慧去深觀，我們就有機會超越恐懼，一起覺醒——從宇宙觀、從《心經》的角度接受我們的文明社會有可能被毀滅。有了這種覺知，我們依然有機會拯救地球。

根據佛陀的教導，你必須先救助自己才能拯救地球。就像坐在飛機上，我們得先戴上氧氣罩才能去幫助別人。一旦我們克服了自己心中的恐懼，就能幫助別人做到。修習正念，幫助整個人類覺醒，是我們拯救這個文明社會的唯一希望。如果我們眞正理解到彼岸的智慧，我們將能促進集體的覺醒。當我們都能從恐懼中解脫出來，就會清楚地知道應如何生活才能讓我們、我們的孩子和這個文明社會有未來。

我們害怕死亡，因爲我們以爲死後會回歸塵土，再沒有我們這個人，那即是「滅」。我們也害怕這個文明社會會死去，因爲我們相信一旦它被毀滅，也同樣地會回歸塵土，許多從前神聖的、美好的將會逝去，也即是比以前「滅」了。

但這並不眞確。一粒微塵含藏整個宇宙。如果我們像太陽那麼大，向下望著地球，會覺得地球微不足道。作爲人類，我們亦這般看待微塵。但是，大與小，只是我們心中的概念。一含藏一切，這是相即相入的原則。這張紙中有陽光、伐木工人、森林以及一切。因此，以爲一張紙很小，微不足道，這只是個觀念。我們甚至不能毀滅一張紙。我們無法毀滅任何東西。刺殺聖雄甘地和馬丁．路德金的人希望消滅他們，但他們仍常存於我們之中，或許比之前更明顯。他們以不同的形相延續著，我們在延續他們的生命。因此，不必害怕自己會滅去，無論個人還是這個文明社會。我們不必害怕「滅」。就像月亮，我們會看到月圓月缺，但那都是月亮。

10
名字之中有什麼？

是故空中無色。無受想行識。

That is why in Emptiness,
Body, Feelings, Perceptions,
Mental Formations, and Consciousness
are not separate self-entities.

因此在空性之中
五蘊——色受想行識
並不獨立存在

與萬物相即、微妙顯現的這個身體，與我們頭腦裡所想像的「身體」非常不同。我們的五蘊也一樣，每一蘊都是整個宇宙的顯現。

人類由非人類的元素組成，無法獨立存在。人類必須與動物、植物和礦物相即地存在。如果移除所有非人類的元素，就沒有人類了。因此，要保護人類，就須保護動物、植物和礦物。這是《金剛經》的教導——深層生態學最古老的文獻。大地母親無時無刻不在照顧著我們。當我們學習照顧自己的色、受、想、行、識，便是在照顧大地母親。

《心經》中有一系列否定句談及五蘊、十二因緣、十八界、四聖諦，是佛法的精髓。關於五蘊，經文說：「是故空中無色，無受想行識。」世世代代的修行者當中都有人誤解了空性的教導，以為沒有五蘊。他們因為這樣的想法而掉進了斷滅之見的陷阱。

在新譯的英文版中，爲了避免這樣的誤解，我譯爲「五蘊並不獨立存在」。我們沒有直接翻譯爲「無色受想行識」，而是說五蘊並不獨立存在。沒有獨立的你，也沒有獨立的我。沒有一個獨立存在的身體，我們卻常常以爲有。我們的心執著於「我」、「我的」、「我自己」，這些都只是妄想。

假施設

當我們稱身體爲「身體」，我們是在爲實相加一個標籤。「身體」這一用語是個標籤，在佛教裡我們稱之爲假名、假安立、假施設①。我們同意稱

① 《般若經》所立之三種假。假施設，梵語 prajñapti。又作三攝提、三波羅攝提。即：㈠法假，法，指色心等法，其法自性本來虛假不實，故稱法假。諸法乃因緣所生而無實性，是為自性假。㈡受假，總法含受別法而成一體，如含受四大而成草木，攬五蘊而成衆生，即攬別為總，故稱受假。㈢名假，名即一切諸法之名，由法依想而假施設者，故稱名假。（《大品般若經》卷二十三、《大智度論》卷四十一、《大乘義章》卷一、《大乘玄論》卷一）

它爲「身體」，但事實上這個標籤並非身體，就像地圖並非地域。

在日常用語中，我們說你、我、富士山或庇利牛斯山脈。佛陀也用名字來指某人或某物。佛陀會對弟子說：「阿難，你希望跟我一起走上靈鷲山嗎？」或是「舍利弗，請安排僧人們去托缽。」佛陀使用言詞，但沒有執著其中。當我們說我，我們知道我由無數非自我的元素組成。我們可以捨棄這個名字，安住於實相。這是關於假施設的教導。

我們知道，使用通俗用語如「東」和「西」很方便。但只是因爲有東，才有西。西含藏東，東含藏西。如果移去西，就不再有東，東和西並不獨立存在。如果你認爲「東是東，西是西，故而兩者永遠不相遇」，即是說你沒有看到東與西相即的本性。它們不用相遇，因爲它們就在彼此之中，南與北亦然。

無相

無相是三解脫門中的第二解脫門，是關於假施設的教導，幫助我們照見空性。了悟空性，便能窺見實相。

凡所有相，皆是虛妄。當人們向一面國旗鞠躬，他們看到的是旗上的顏色和圖型，心裡想的是他們的國家和人民。旗是一個象徵。人們並非眞的是向那面旗致敬，他們致敬的是他們的國家和人民。旗本身只是一塊布，但我們一致同意那面國旗的作用和代表性。我們用旗的形像來代表某些東西。

無相的意思並非「沒有」相，它是指我們不執於事物的表相。當我倒茶時，我看到我是在倒一片雲到我的杯子裡。昨天你看到的天空中的那片雲，它沒有死，它成了我今天的茶。如果你觀察這杯茶卻沒有看到那片雲，那你並未眞正看到這杯茶。你著相了，執著於事物的外相。

我們要深觀，以看到相狀與假施設背後的實相。通常，我們對於有無的想法非常膚淺。看到這張紙，我們說它存在；看不到這張紙，我們說它不存在。這張紙，就像向日葵和一切現象，表面上有生與死、有與無、來與去、一與異，但這些都只是外相②，並未反映這張紙的究竟實相。因此，《金剛經》說：「凡所有相，皆是虛妄。」③

小小的玉米植株

假設你有一粒玉米粒，你不用它來做爆米花，而是種在盤子的泥土裡。種植小小的玉米植株非常容易。如果你知道怎樣給它澆水，給它一些陽光，幾個星期後，它就能長出一、兩片葉子。

我們都同意，這時玉米種子的形相不見了，但我們不能說那顆種子不存在；我們不能說它進入了「無」的領域。我們知道，我們種在盤子裡的那顆種子現在變成了小小的玉米植株。因此，我們不能說那種子不再存在。理智上，我們很容易同意那顆玉米種子仍活在玉米植株裡，因爲我們知道它在玉米植株的每一個細胞裡。你不可能將玉米種子從玉米植株中取出。然而，看著玉米植株，許多人都無法從中看到那顆玉米種子。我們必須經過一些訓練，才能在植株中看到那顆種子。這就是修習以無相之眼觀照世間。

②梵文是 lakṣaṇa。

③完整的《金剛經》全文和註釋，參見釋一行禪師著作：*The Diamond That Cuts through Illusion* (Berkeley, CA: Parallax Press, 1992)（中譯本為《一行禪師講金剛經》，橡樹林出版）。

我們可能以為父母已經離世，但事實上，他們永遠活在我們之內。我們能在身體的每個細胞中接觸到父母。你可以與內在的父母對話。子女與父母對話，任何時候都是可能的，即使你已看不到父母以前那熟悉的形態。雖然你無法看到父母從前的形態，但那不代表他們不存在。

如果我們認為玉米植株只是玉米植株，而非玉米種子，我們並未完全看見那棵植株。如果我們以為兒子只是兒子，而非他的父親，我們也沒有完全看到那兒子。沒有父親，不可能有兒子。如果我們從兒子中移除父親，就不會有兒子；沒有兒子，父親也不可能成為父親。

《心經》告訴我們，當我們了悟了身體是空，就能超越一切相。當我們超越一切相，就能清楚地看到並無一個可以說成是「我」或「我的」身體。不僅身體和一切現象是空，我們用標籤來描述事物的假名也是空。現象與諸相本性皆空。色即是空，相也是空。

我們必須超越一切相，尤其是生滅、有無、來去這些外相。我們甚至不要執於「空相」④，以接觸到空性的智慧、實相的本性，眞如。

④空相的梵文是 śūnyatālakṣaṇā。

11

星月是心識

無眼耳鼻舌身意。無色聲香味觸法。
無眼界。乃至無意識界。

The Eighteen Realms of Phenomena,
which are the six Sense Organs,
six Sense Objects,
and six Consciousnesses,
are also not separate self-entities.

十八界——六根、六塵、六識
亦不獨立存在

經中提到十八界——六根、六塵和六識，頗爲全面地概括了人生經驗的各個領域。

十八界

眼	色	視覺（眼識）
耳	聲	聽覺（耳識）
鼻	香	嗅覺（鼻識）
舌	味	味覺（舌識）
身	觸	觸覺（身識）
意	法	意識

感恩有現代科學，我們知道宇宙並非只是我們的五官所感知的。現今，我們知道，我們所有的感官都非常局限。狗的耳朵讓它能聽到人類無法聽到的聲音。高於或低於人類聽覺範圍的頻率，我們都無法感知。對於光線亦然，有些光波長，我們無法感知。一些物種的感官比人類更敏感，它們的宇宙也許更偉大，更壯麗，是我們無法想像的。

有些動物的嗅覺和聽覺遠比我們敏感。我們的眼睛有三種錐狀細胞，分別對應三種顏色。有一種蝦，叫做蝦蛄，別名投擲尿蝦、螳螂蝦。蝦的眼睛有不少於十六種對應不同顏色的錐狀細胞。我們在彩虹中看到的奇妙顏色光譜，只能從我們眼睛的三種錐狀細胞接收到。沒有人知道，如果我們有像蝦蛄一樣的眼睛，會看到怎樣的光彩。

蝙蝠有一種聲納，讓它們能夠在黑暗中知道三公里內有什麼東西，以避免在飛行中撞到。我們不應對自己的感官過分自信。我們應該覺醒，知道自己感官的局限，讓我們不至於爲自己對這個世界的感知而自負和過於武斷。

現代科學證明我們有多於五個感官。我們的皮膚有許多種感受器，有些只能感覺到觸、冷、熱或痛。每一個感受器有其獨特的功用。內耳迷路的前庭系統負責人體自身的平衡感和空間感，感恩有這個感受器官，我們在站立、行走、躺下、跑步和跳躍時能夠保持平衡。

科學幫助我們認識到自己感官系統的局限，也開闊了我們的視覺、聽覺，以及從一處移動到另外一處的能力。即使我們沒有天眼通或天耳通，沒有在不同地方同時顯現的神通力，現代科學和科技也能讓我們看到和聽到幾千公里以外發生的事情。我們能夠以音速行進，乘火箭到太空鄰近的星球。科技也讓我們的感官觸覺得以延伸，用電波望遠鏡可以看到星雲的存在。

十八界微妙顯現。在《心經》的新譯英文版中，我們把「無眼耳鼻舌身意。無色聲香味觸法。無眼界。乃至無意識界。」翻譯為「六根、六塵、六識亦不獨立存在。」我們傾向於相信六根存在於彼此之外，這是錯誤的認知，是心的創造。就如雙手擊掌會產生聲音，眼根接觸到顏色和形色而產生視覺，其中無一物能獨立存在，它們彼此相依而存。

十八界中沒有任何一界是恆久不變的。眼是無常，時刻在變；色是無常，時刻與環境互動，儘管我們不一定能感知到。我們也知道，在看和感覺的過程中，我們的大腦時刻都在重新佈線——建立新的神經連結，加強或減弱已有的連結。沒有什麼是不變的，沒有什麼是靜止不動的，萬物的本質是有機一體的。

眼不見

我們通常說：「眼看，鼻嗅，耳聞。」這樣說非常自然，因爲這是我們慣常的思考模式。我們認爲一定得有一個「行動者」，才有「行動」。因此我們說「眼看」。「看」是一個行動，眼是「行動者」。眼是主體，看是動詞。這是我們慣常的思考。但是，我們都能理解，看到東西的並非是「眼」。眼觸色，讓我們能夠「看」。眼只是其中一個必要條件，還有其他許多必需的條件，如光、色、時間、空間、視覺神經、大腦及其他。說「眼」是視覺的主體，並不正確。視覺與眼及色同時生起。

如同眼睛一樣，其他感受器官接觸到各自的感知對象，加上適當的條件，就帶來了聽覺、想法等等。所以說，「想法」是心和心的對象接觸所產生的結果，並沒有一個「思想者」。有感受時，這個感受和感受的人是不可分的。無我，即是沒有一個置身於行為之外的永恆不變的我。許多現象的聚合，造就了視覺、聽覺、知覺和觸覺的可能。

生物學和物理學能幫助我們去除心與物、身與心的二元概念，令我們得以看見身心之間相即的連繫。焦慮、憤怒、恐懼、悲傷和絕望等種種心理狀態，都與神經衝動和神經傳導物質密切相關。我們見到自己的身體如何成為心的延續，也看到心如何成為身體的延續。更進一步來說，神經學家也認知到大腦是一個社會腦，若是缺少了環境，缺少了母親與孩子之間的互動，缺少了其他人，我們的大腦就無法成為所謂的「人類的腦」。缺少了遊戲與社會互動，我們的大腦和感官識就無法健全發展，而我們「看」的能力——視覺，也只有通過與環境的互動和探索的過程才能得到發展。

仍有許多科學家以為我們的心識是主觀的，由內在生起而向外接觸客觀世界，這是二元的看法。每當我們抬頭望向天空，看著月亮、星星以及銀河系時，我們必須修習，以看到這些東西並非獨立存在於心識之外。宇宙的一切，都有心識在其中。沒有心識，我們又怎能看見和知道有太陽和星月？星月是心識。看著星月，我們看到自己的心。看著我們所感知的，我們看到感知者。我們的六根和六塵並不獨立存在。我們的感官識和感知的對象總是同時生起。有一個哲學思潮現象學說談到：「知覺始終是對某些東西的知覺。①」

當我們有了如此的理解，我們會開始看到一切現象、十八界、主體與客體、眼與色、思想者與想法、星月與心識的一體性。

---

①「Bewusstsein ist immer bewusstsein von etwas」這句話出自艾德蒙．胡塞爾（Edmund Husserl）的作品；之後又被尚．保羅．沙特（Jean-Paul Sartre）所引用：「La conscience est toujours conscience de quelque chose」。

12

一切皆是現象

無無明。亦無無明盡。乃至無老死。亦無老死盡。

The Twelve Links of Interdependent Arising
and their Extinction
are also not separate self-entities.

十二因緣及其還滅
亦不獨立存在

許多論著認為十二因緣旨在解釋輪迴、業報及轉世。這些說法屬於世俗諦，並非佛法最深奧微妙的教理。為此，我們在這裡重新說明十二因緣，讓我們窺見眞諦。

轉世、業報、生死輪迴這些概念，並非源於佛陀。從《奧義書》可以看到，西元前七、八世紀，佛陀誕生以前，印度已經有這些觀念。有些是佛陀在世時已有，有些是後期才出現。

人們認為「業」意味著人要受其行為的苦果，自作自受，並相信人會輪迴再生，這一生所作決定了下一世的生命。他們相信人身中有一個不滅的靈魂，當身體分解後，靈魂離去尋找新的身體。輪迴的觀念與靈魂的觀念一致。但佛教不認為有一個不死的靈魂。佛教採用了業和輪迴的教導，但作了重要更改。

緣起

緣起是基本的佛教義理，說明現象的顯現。一切因緣而生，由眾多因緣具足而成。緣起在梵文中是 Pratītya samutpāda，意思是因緣生起。

隨著時間過去，十二支緣起成爲了緣起最普遍的教法。但佛陀並非每次教導緣起都講十二支。在不同的開示中，佛陀講不同的緣起支數①。在梅村，我們已開示過十支和十二支緣起，近期則常說四支和五支緣起。

①例如佛陀於初轉法輪時，在《大緣經》（Mahānidāna Sutta）（《長部》中的第十五部經，Digha Nikāya 15）裡，關於「緣起」的教導僅提到九因緣。

傳統中，第一支緣起是無明。因爲有無明而有行。無明引致錯行，錯行帶來苦；然後，因爲有行而有識；因爲有識而有名色（身心）；因爲有身心而有六根，以及六根的對境；因爲有六根及其對境，因而有觸；因爲有觸而有感受，因爲有感受而有貪，因爲有貪而有執取，因爲有執取而有存在（「有」），因爲「有」而有生，飽受生死輪迴之苦。因爲有生，而有老死。

這是傳統對緣起的演繹。在這種演繹中，十二因緣旨在解釋輪迴轉世，但未能幫助我們接觸到究竟向度。

糖是甜的嗎？

十二因緣的傳統演繹，第一個缺點在於第二支——行。「行」即是現象，因緣聚合而成的現象。當人們用十二因緣解釋轉世輪迴時，他們說

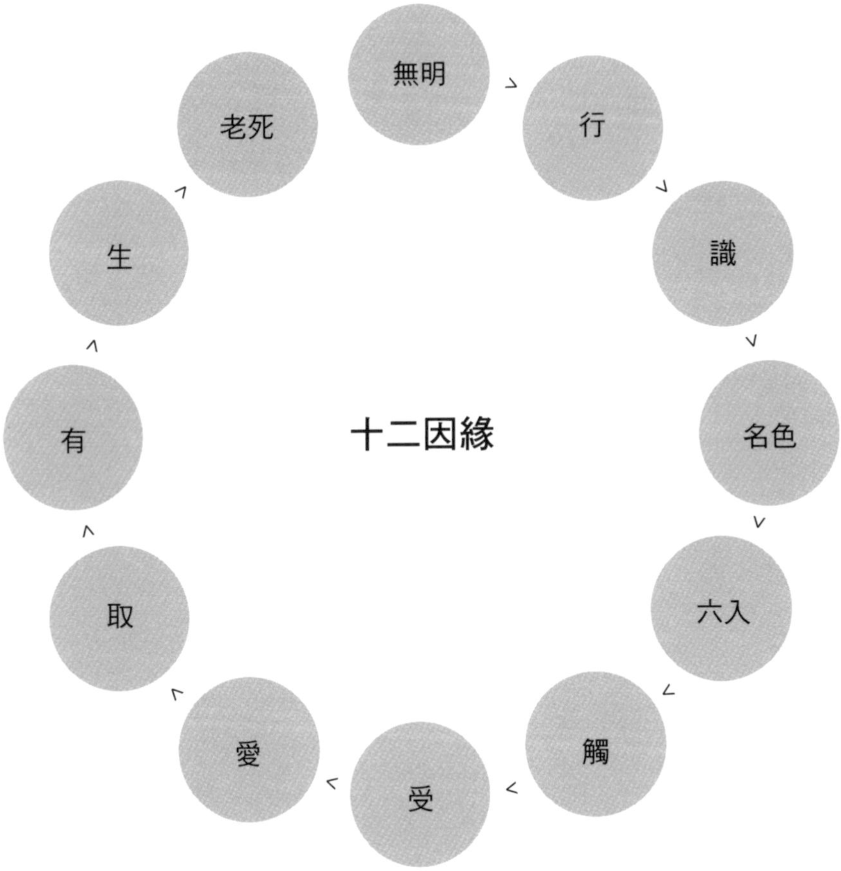
無明
行
識
名色
六入
觸
受
愛
取
有
生
老死
十二因緣

「行」即是「業」——身、語、意行爲，會把我們牽引到來生。事實上，佛陀沒有這樣使用「行」字。佛陀說的是我們在世界感知的現象。

你喝咖啡時，可能會加點糖。如果想把糖溶解成分子，最簡單的方法是把它放進你的熱咖啡裡，然後攪拌。糖溶解成非常微小的糖分子，沒有任何過濾器能把它過濾。糖分子仍是甜的。但是如果你進一步請化學家朋友用質譜把糖分解成原子，你會得到幾萬億個碳原子、幾萬億個氧原子和幾萬億個氫原子，這些成分都不是甜的。甜是由非甜的元素組成。將特定數量的碳原子、氧原子和氫原子組合起來，便製造了甜味。如果你移除任何一個原子，就沒有甜味了。如果你把它放回去，甜味又回來了。

苦也如此，樂也如此，佛也如此，雲也如此，一切皆如此。萬物皆是聚合而成的現象。一朵花是一個現象，一棵樹是一個現象，身體是一個現象，憤怒是一個現象。一切皆由其他元素聚合而成，都是條件造就的現象。

十二支緣起的傳統演繹的第二個缺點是，這樣的說法引導我們認同五蘊是貪愛、執取「有」的原因，這意味著，是因爲我們有意識、身心、六根、觸和受，因而生起貪愛。佛陀也有六根、觸和受，但佛陀不貪愛。佛陀自由，無執，慈悲。佛陀有念和定，佛陀看到世間的苦痛，心生慈悲，這是非常美好的能量。因此，觸和受「只」會帶來貪愛和執取，這是不正確的。你不能將自己的煩惱怪罪於你的身和心。你的五蘊也可以帶來理解和愛，讓你覺悟。

如實觀照

如果你視現象爲獨立存在，那是妄想。當你如此看待現象，你會以爲有始有終，有生有滅。但以智慧觀照，我們看到一切現象不生不滅。當你接觸到萬物不生不滅的本性，那便是在如實觀照現象。

生與滅的概念，總是與有和無的概念一起。抱怨是「有」帶來苦，是傳統演繹的缺點。如果沒有「無」，又怎會有「有」？「有」這一支，我們應理解爲「有」與「無」。事實上，我們並非因「有」而受苦，讓我們受苦的是執著於有與無的概念。觸與受可以帶來貪愛和執取，或是慈悲和自由，這取決於我們如何使用我們的六根和觸。觸與受可能帶來執取，也可以帶來解脫自在。我們受苦，是因爲執著於有與無的概念，不是害怕「有」就是害怕「無」。但正如我們學到的，我們能夠以智慧超越生與滅、有與無的概念。

五支緣起

現在，我們明白了苦的緣由。因爲無明妄想，我們視現象爲獨立存在，恆久不變。我們以生滅、有無的概念去看一切現象。爲此，我們一直在輪迴中流轉。我們可以用五支緣起說明：

無明 > 行（以爲有獨立存在的我）> 生與滅 > 有與無 > 輪迴

《心經》提醒我們，每一支緣起均非獨立存在，它們並非單一的線性發展，而是互爲緣起。並非先有第一支緣起，然後帶來第二支、第三支。它們同時生起，相互依存。當其中一支存在，其他也存在。這就是我們所說的「十二因緣並不獨立存在」的意思。認爲人有一個獨立存在的我，這一觀念與生滅、有無的概念緊密關連，以及以爲其他一切現象也能獨立存在的想法。你相信父親與你是分開的，你也相信左與右是分開的。這是世俗的看法。

在《心經》的光芒下看緣起的還滅，我們看到每一支的滅去與其他支的滅去相即而存。我們不能說無明獨自生起，或說無明獨自滅去。我們只能說無明沒有顯現，是因爲其他支緣起沒有顯現。當我們不再視現象爲獨立存在，無明即滅。當這一緣起滅去，由智慧所生的另一緣起顯現，引領我們了悟眞諦：

智慧＞行（無我）＞不生不滅＞非有非無＞涅槃

當無明不再，你能如實觀照一切現象，不再認爲有生有滅。當你不再以生與滅看待事物，就不會執著於有與無的概念，你會從輪迴中解脫，體證涅槃——一切概念的止息。

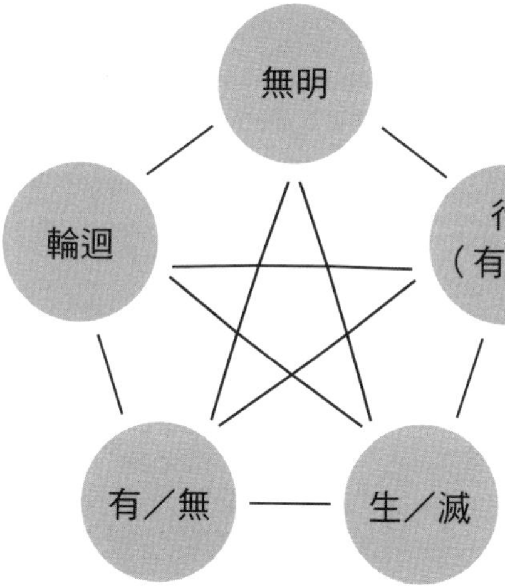

五因緣

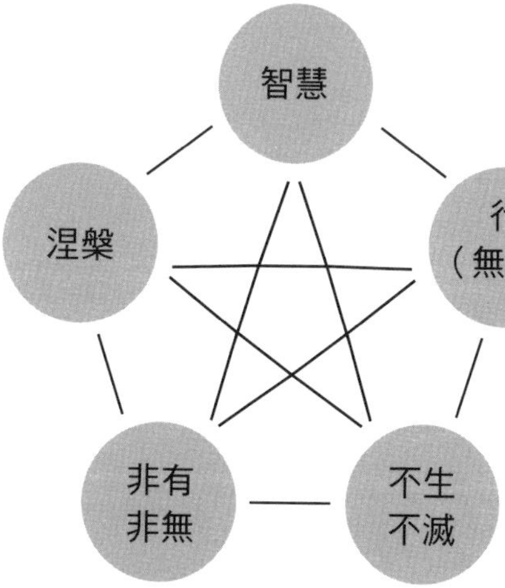

13
幸福之道

無苦集滅道。

Ill-being, the causes of ill-being, the end of ill-being, the path…
are also not separate self-entities.

四諦——苦集滅道
亦不獨立存在

第一聖諦是苦。修習佛法先要覺知苦。苦的確存在，我有苦，你有苦，世界有苦。苦有其扮演的角色，我們可以學習怎樣善用苦。但要止息苦，我們須覺察苦的存在。

深觀我們的苦，我們看到導致苦的因緣條件。當我們看到自身痛苦的根源，理解自然生起，我們的苦即刻減輕。在我們的痛苦之中，我們看到自己的父母、我們的祖先，看到苦如何傳遞給了我們。這是第二聖諦——苦的集成，苦的原因。我們可以深觀痛苦，看到苦的根源，以及它如何得到餵養。深觀，我們會看到是什麼元素餵養了我們的苦。苦存在，但如果我們一直受苦，是因爲我們在餵養它。

我們時代的痛苦

傳統佛教對苦的解說，不一定足以幫助解決現今人們的痛苦。我們常說生老病死苦、求不得苦、愛別離苦等，這些是人生的一部分，並非一定是苦。我們接受生命，就需接受有生老病死、分離和挫折。如果我們有正見，這些都可以是美妙的。嬰兒誕生值得我們慶祝；一朵雲死去，代表了雨的誕生；年長的人比較冷靜，富有人生經驗；疾病可以令人的意志變得更堅強；離別可能帶來更深的感恩和理解。得不到你想要的？事實上，有時當你得到你所渴求的，你更苦惱。因此，我們可以用不同的方法談苦，以適合當今社會。

我們必須深觀這個時代眞正的苦，理解它從何而生。現今的生活方式帶來身體的緊張、壓力和痛楚；我們面對著憤怒、暴力和恐懼；我們受恐怖分子、生態破壞、戰爭與饑荒、氣候變遷、經濟危機、衰退、貧窮、社會不公、離婚、破碎家庭以及許多其他問題的威脅。我們如何生活？如何消費？我們每天如何通過媒體攝取周遭的暴力、恐懼和憤怒？我們的生活方式如何污染環境，對我們的身心、家庭和後代製造有害物質？如果我們能以其「眞名」稱呼這個時代人們所面對的痛苦，看到這些苦是如何生起，就會清楚地知道要用哪些「藥」來對治，要如何療癒。理解苦的實相帶來苦的終結。

這是第三聖諦：苦滅。苦滅，即是幸福的顯現。所以，第三聖諦說幸福是可能的。佛陀親身體驗到，幸福在當下是可能的。如果幸福的確存在，那一定有一條通往幸福的道路，這條幸福之道即是第四聖諦——八正道。四聖諦說的不只是苦，也是幸福喜樂。

《心經》說「無苦集滅道。」有些人認爲，這即是指有一個絕對沒有苦的地方，只有完美無間的幸福喜樂。在《心經》的新譯英文版中，我譯作：「苦、集、滅、道亦不獨立存在」，以避免此誤解。經文指的並非苦不存在，而是苦不單獨存在。苦與其他三聖諦相即而存。雖然我們的心能不執於苦與樂，但這不代表苦樂不存在。只要有人和人的心念，苦與樂將繼續顯現。

在一起，夫復何求

我們傾向於執著四聖諦，認爲每一聖諦是分開的。例如，我們心裡有一個目標，相信有一條道路能達到這個目標，並認爲目標不同於道路。但在相即的光芒下，我們不說有一條道路通往幸福，也不說有一條道路通往痛苦。我們說有一條「幸福之道」，有一條「痛苦之道」。認爲有一條道路通往痛苦，這個想法體現了二元思想。根據這種想法，道只是道，幸福只是幸福，因此，當我們在道路上時，我們不會幸福；我們必須等到抵達道路的盡頭才會幸福。我們認為，道路是方法，幸福是終點。在這首越南民謠中，我們看到這樣的二元思想：

我們耕種
丈夫播種
妻子和牛
一起耕田
今天苦工
明天收成

當我們翻土和播種時，我們不感到快樂，卻想著當前的苦能在未來帶來快樂。這是二元思想。夫婦二人一起，還有一頭牛幫忙耕田，這已經足夠幸福。許多人無法與其丈夫或妻子在一起，他們沒有稻田，也沒有牛幫他們耕田。如果我們能夠覺察自己是多麼幸運，即刻就會感到幸福快樂。因此，說「先苦後甜」是不正確的。

幸福就是道

事實上，「道」就是幸福本身。八正道並非艱辛、困難和苦行之道。我們走在這道路上，每一步都可以幸福快樂。你也許已聽過「沒有通往和平之道，和平即是道。」尋找和平的過程本身就是和平。以和平之名使用暴力和槍械是錯誤的。如果我們的使用方法中沒有和平，就不會到達和平。如果你說，因爲想要和平，因而投下炸彈，射殺人民，這是錯誤的。如果我們使用暴力，那麼我們得到的也會是暴力。在尋找和平道路上的每一步都應是和平。如果我們走在和平之道上，那我們所說的每一個字、每一個想法、每一個行動，都應體現和平。

同樣地，如果我們受苦和掙扎，藉以得到幸福，那也是不正確的。在幸福之道上，每一步都應是幸福的。方法與結果爲一。因此我們說：「沒有通往幸福之道，幸福即是道。」最高的幸福是涅槃，亦即寂滅（nirodha）。以此見地，道就是苦滅，幸福之道即是幸福。因此，第三和第四聖諦不能分開理解，它們是一。同樣地，苦之道就是苦，第一和第二聖諦也不獨立存在。

再進一步，我們看到苦與樂彼此相依而顯現。沒有苦，幸福是不可能的。因爲有苦，你才覺察到有樂。如果你從未試過飢餓，你不會感受到有東西可以吃的喜悅；如果你從未經歷過戰爭，你不會感受到和平的珍貴。好與壞、苦與樂、苦與苦滅，都不獨立分別存在，它們彼此相依而顯現。四聖諦相即。

14

追逐蝴蝶

無智亦無得。①以無所得故。

Insight and attainment
are also not separate self-entities.
Whoever can see this no longer needs anything to attain.

智慧與所得
亦不獨立存在
以此了悟，無需再有所得

智慧在瞬間生起，不一定是在你坐禪時。我們在日常生活中修習念和定，打好基礎，讓自己深刻地接觸自己的身體、感受和認知。在修習的過程中，我們的念力和定力增強。當智慧來到時，你也許會突然笑起來。你可能感覺它無時無刻不在你的口袋裡，只是你一直沒有察覺到。當它來到時，那是喜悅的一刻，滿足的時刻。

智慧由許多因緣條件所生，其中一個條件是無明（avidyā）。沒有無明，就沒有智慧和覺悟。如果沒有誤解和錯誤知見，我們從何覺醒而達到覺悟？智慧從日常修習念、定、觀而生，由非智慧的元素造就。沒有污泥，長不了蓮花。沒有無明和苦，就不會有智慧和理解。我們要看到萬物相即的本性，否則無法得到眞正的智慧。

無願

我們傾向於相信涅槃或覺悟是可以得到的東西。②在經文裡，「得」這個字，是指認爲我們可以得到涅槃或覺悟這個想法，但涅槃和覺悟，是我們的心無法執取的。它們只能通過放下執著而體驗到。只要我們還在執著和追逐，就永遠無法體驗它們。

---

①新譯版的英文心經中，這一句話特別強調了不只是菩薩，凡是任何人只要能看透一切現象都不是獨立的自我實體，他將無需求得什麼。一行禪師新譯的越南文版本和英文版同步做了修改，在以下的句子裡：「Because they no longer see anything to attain, bodhisattvas who practice the Insight that Brings Us to the Other Shore see no more obstacles in their mind...」，保留了「nonattainment」和「no obstacles in the mind」之間的關聯——英文編者註。

②梵文是：prāptitvam（所得）。

無願（apranihita）是三解脫門的第三解脫門。修習無願能幫助我們體驗「無所得」。無願的意思是不追逐任何東西，不把任何目標放在前面而不斷想要得到它，無論名望、利益、財富、欲樂還是覺悟。只要我們還在追逐，就永遠無法體驗苦滅的自由解脫。

無願是甚深微妙的教理。有些人在追求覺悟，但覺悟是你本然具有的，無需追求。你所追逐的，只是你對覺悟的想法。如果無法停止追逐，我們將錯失此時此刻在我們內在和周圍的生命奇蹟。

我們總是在找事做，或是想成爲某個人，因爲我們不滿足於自己和周圍的事物。修習無願，你無須再追逐任何東西。你也許會說你必須這樣做，因爲你所追逐的東西是美善的。但是，追逐美善的東西依然是追逐，你仍爲此而受苦。此刻的生命已經很好，生命的一切奇蹟皆在此刻。對這些奇蹟保持覺醒，足以爲我們帶來和平喜悅以及自由解脫。

假設某個人被判監禁三十年，他希望得到國王或總統的赦免，一直在期待這一天。有一天，一位禪修導師來到監獄，對他說自由就在當下，無須等待，無須坐在那裡等待赦免，只需正念呼吸，微笑，看到監獄中的玫瑰和監獄外的玫瑰一樣美。在監獄裡，有足夠的時間觀照花兒，呼吸清新的空氣。當下就可以解脫、自由，無須等到十年後。我們都如此，無須讓自己歷盡艱辛多年去尋找快樂、自由和涅槃。

就只是人類

一九六三年，我寫了一首詩，其中幾句是：

需要千年
完成的工作
深觀，你會看到
千年前
已經完成了③

一朵花所能做的最重要的事，就是做一朵花。如果你是人類，那麼爲人已足了。作爲一個人，如果你覺知到人人都有佛性，你會知道自己無須追逐任何東西。爲何要不斷追求成佛？你所追求的，你已經擁有了。每一個人內在都有圓滿的佛性。你無須成爲別的，你已是你想要成爲的。這就是無願解脫門，幫助我們從不斷的追尋中解脫出來。

經文繼續說：「以無所得故」。我們在英文版中譯作：「無須再有所得」。無任何所得獨立存在於其他實相之外。所得，也即因緣所生。因緣具足時，它便顯現。當你有此了悟，將不再追逐有所得。

我們應深觀自己對一切現象的認知。當我們感知某些東西，我們會執取其外相，在心中生起某些想法。執取形相就像追逐蝴蝶。我們執取實相的影子，希望能抓住我們的感覺、幸福的對象、所得和成功。我們嘗試執取我們愛的人，又甚至是涅槃。我們並不一定是因為渴求和貪愛而執取某些東西，有時是因為恐懼。我們執著於有一個獨立自我的想法，執著於我們的身份，

③見 *Call Me By My Real Name* (Parallax Press, 1993) 一書裡的 Butterflies over the Golden Mustard Fields 此篇。

害怕失去身份，這個「我」。我們的修習，是給自己機會安坐，停下來，深觀一切現象「不可執」和「無相」的本性。我們由此得到智慧，知道執取只會帶來苦。這是無願的智慧。當你清晰地看到事物的本性，你不再執取它，抗拒它或追逐它。你無須有所得，有所執取或追逐。

我在追求什麼夢想？

執取讓我們不斷追逐。我們放棄了當下，沒有爲自己而在，而是奔跑到未來。我們逃離自己眞正的家園，逃離自己的祖先、父母和文化。我們內在有餓鬼的種子，無法安住，但生命還是給我們機會回到眞正的家。我們從未停止過奔跑。有時，我們爲了一個小小的原因而想要逃避。我們也許在追逐一朵雲，或是追逐一隻蝴蝶；我們也許在追逐一個職位、學位、名望或財富。

從前，越南有一名學子參加科舉後，在回家途中饑餓疲乏，路過一位禪師的茅蓬，他到裡面歇息。看到學子疲憊不堪，禪師說：「躺下來歇歇，我爲你做點小米粥，做好後，你就起來吃點東西。」那名年輕學子躺下來，立即進入深度睡眠。睡夢中，他考上科舉，深得皇上賞識，並迎娶了公主，在朝中有很高的官職，手握大權。許久以後，有外來入侵者進攻這個國家，他被指派帶兵阻止敵軍。他不擅長軍事，因此被擊敗了。他在夢中大喊，禪師聽到後過去拍拍他的肩膀，把他叫醒。他看看自己，知道自己仍在茅蓬中。禪師對他說：「粥做好了，起來和我一起吃點粥。」就在做粥這麼短的時間，他經歷了許多起起伏伏，有喜有悲。他考上科舉，迎娶了公主，地位崇高，與入侵者作戰被打敗了。所有這些事件只發生在做粥的時間，他覺得奇怪，問自己：「我在追求什麼夢想？我在追逐什麼？是什麼在推著我？」他有這樣的機會能覺醒，重新檢視自己的生命。

我們每個人都應該坐下來，花些時間反思，問自己：「我玩著這個執取的遊戲，玩得怎麼樣？過去我在執取什麼？現在我在執取什麼？我們在追逐蝴蝶嗎？我們在追逐一朵雲嗎？有這麼多東西，讓我們無法為所愛之人而在，無法安住當下之家。當那位學子醒來時，感恩有禪師在，他知道是時候回家。我們已到處遊蕩許久，已經足夠了，我們已經將自己的生命破壞得差不多了。是時候回歸自己的根、祖先、眞正的家園，回到和平、幸福、自由的時候了。

如果你還在求索什麼，認為那是讓你幸福的必需品，或是忙碌地四處尋覓，即是還執著於要有所得。蓮花擁有蓮花的美，它無須成為蒲公英。事實是，蓮花之中有蒲公英，蒲公英之中有蓮花。我們可以是花朵，同時是我們自己。我們是鹿、魚、松鼠；松鼠、鹿、魚是我們。我們的苦，是鹿、魚、松鼠的苦。當我們能夠看到萬物的本性即是我們的本性，我們會自由自在。

15

自　由

菩提薩埵。依般若波羅蜜多故。心無罣礙。

Bodhisattvas who practice
the Insight that Brings Us to the Other Shore
see no more obstacles in their mind

菩薩修行智慧到彼岸
心中再無障礙

我們認爲有些東西是我們可以「得」和「執取」的，並相信這些對象獨立存在。當我們捨棄這些想法時，將再無障礙。只要我們還在追逐，修行就會有障礙。障礙的梵文是 āvaraṇa，心的障礙是 cittāvaraṇa。幾乎所有障礙都來自我們的心。我們所受的苦來自內在，而非別人加諸於我們。如果我們不快樂，如果我們沮喪、痛苦、憤怒，那是因爲我們心中的障礙，而非環境。

在佛教中，我們說有二種障礙：所知障和煩惱障。所知被認爲是障礙。如果我們想在尋找眞理之道上前行，必須放下已知的。如果我們視已有的知識爲絕對眞理，就會失去開放的心，從而無法接觸深層的眞理。

佛陀用一個故事說明爲何已有的知識可以成爲一種障礙，讓我們無法看到實相。這個故事是關於一位商人，他到外地做生意，把小兒子留在家裡。

15 自由

當他外出時，一夥盜賊在村裡搶劫，燒毀他的房子，綁架了他的兒子。他回家時到處尋找兒子，卻找不到。在被燒毀的房子旁邊，有一具燒焦的男孩屍體，他確信那就是他的兒子。他捶胸扯髮，責怪自己將兒子獨留家中無人保護。他依照習俗安排火葬。火葬後，他做了一個絲綢袋子，把兒子的骨灰放在裡面，整天掛在脖子上，無論吃飯、睡覺或是工作。

一天夜晚，他夢見兒子，之後無法入睡。他哀傷痛哭，心中充滿悲痛與後悔。這時，他聽到有人敲門。原來他的兒子幸運地逃出被禁錮的地方，找到回村的路。他站在重新建造的房子前敲門，叫喚他的父親。那位商人仍在痛哭，把珍貴的骨灰袋子抱在胸前，憤怒地喊叫：「是誰？」小兒子說：「是我，爸爸，請開門！爸爸，請開門！」商人確信兒子已經死了，他想這一定是小流氓在捉弄他，知道他在哀痛，加倍折磨他，因此他拒絕開門。男孩喊了又喊，但無法令他的父親開門。最後，小男孩絕望地離開了。

放下

如果你認爲自己已了悟實相並執著其中，你會被它困住。即使實相來敲門，你也不會開門。放下所知，在佛教中非常重要。「所知障」是禪修者要移除的第一個障礙。我們不應過於確信任何事。

我們以「所知」建立了更多概念。要放下這些概念非常困難。如果我們足夠善巧，我們可以使用一些新的概念，如「共存」、「相即」，讓自己從舊有的概念中解放出來，如生與滅、有與無。一旦我們能放下這些概念，我們也須放下「相即」和「共存」這些概念。所有教法都如此。就像我們用鏟子去掘一口井，井掘好以後，我們就得放下鏟子，無須到哪都帶著它。概念並不等於智慧，即使是涅槃、解脫和覺悟這些概念。因此，所知可能是一個障礙，我們得提醒自己，實相只能在生活中獲得，而非累積知識或概念。

第二種障礙是煩惱障，我們的苦惱。一些心理狀態如疑惑、憎恨、焦慮、貪婪、想報復等，統稱爲煩惱障。它們就像鏡子上的塵，阻礙鏡子如實反照實相。如果我們的心擔負著憂慮、痛苦、疑惑、憤怒或是堅持己見，會使念、定、慧、深觀自己和實相的修習非常困難。如果我們希望清晰地照見，我們的心必須不執於觀念、想法和煩惱。

煩惱障與所知障互相關聯。我們會因錯誤知見而非常煩惱。舉例說，我們可能以爲自己有一個不死的靈魂，有一個獨立的我，這些想法爲我們帶來巨大的恐懼、焦慮與痛苦。我們爲那不死靈魂的命運而擔憂，同時憂慮自己的職位、地位以及別人怎樣看我們。因爲相信有一個獨立的我，我們將自己與別人比較，以爲自己比別人好，比別人差，或是與別人等同。當我們放下自己是獨立的我這個想法，就不會再有優越感、自卑感或同等感，這帶來巨大的自由。愈能捨離錯誤知見，愈自由。

智慧帶來解脫

當我們能解開所有繫縛我們的結，我們就能自由，這樣的自由稱爲涅槃。當我們能捨離少許煩惱障和所知障，我們就會有少許涅槃。涅槃就在當下，此時此地。只有出離，才得以自由。

假設某人非常憤怒，滿臉通紅，感到自己猶如在地獄裡，如果他能看到實相，生起慈悲，他的怒火會自行消散。他會感到清涼、安詳、自在。涅槃即是這種清涼的狀態。當我們能出離仇恨感，我們將能嚐到涅槃的感覺。放下疑惑，我們就能體驗涅槃。涅槃並非遙不可及。當我們準備好放下，當我們捨離所知障和煩惱障，涅槃就在那裡。

修學佛法的目的是解脫自在。修習意味著解開捆綁我們、使我們痛苦的結，讓我們從中解脫。我們都被繫縛著，沒有足夠的自由。我們學習辨識所有繫縛我們的繩子，慢慢解開它們。其他人可以幫助我們，但最終我們還是要靠自己解開這些繩子。

到彼岸的智慧是能夠幫助我們解開所有結使、斬斷所有煩惱的智慧。到彼岸，是指到解脫之岸。在佛教裡，我們說解脫由智慧而來，而非恩典。但智慧也是恩典，因爲智慧讓我們自由。

16

無　畏

無罣礙故。無有恐怖。
遠離顛倒夢想。究竟涅槃。

and because there are no more obstacles in their mind,
they can overcome all fear,
destroy all wrong perceptions,
and realize Perfect Nirvāṇa.

因爲心無障礙
而能離一切恐懼
摧毀一切錯誤知見
達到究責解脱

當我們放下有一個獨立的我這個想法，放下錯誤的知見，我們就沒有恐懼。只要還有所畏懼，苦滅就不能圓滿。在梵文《心經》裡，用的是 atrasta 這個詞，意思是無恐怖，不恐懼。因爲心中再無障礙，菩薩無恐懼，摧毀一切錯誤知見，一切顛倒夢想。只有再無所畏懼時，才會有眞正的安樂。

錯誤知見

我們的心總是在執取某些東西，希望能抓住它們。一切唯心造。我們的心就像畫師，能畫一切色彩，但那都只是我們想像的對象。我們製造了愛、貪、怒、恨的對象，是我們的心、我們的想法創造了這些影像。一切想法皆是錯誤的。正確的知見，我們稱之爲理解、智慧，而非想法。

在佛教傳統中，有四種錯誤知見，稱爲四顛倒：常、樂、我、淨。第一，以無常為常；第二，以苦為樂；第三，以無我為我；第四，以不淨為淨。這些顛倒之見是我們焦慮與痛苦的因。我們追逐和渴求得到某些東西，因為我們對這些東西有錯誤的想法。我們被自己的想法折磨，執此為真實，而事實相反。有人以為吸毒會帶來快樂和自由，從而成為毒品的奴隸。有些人則成為金錢、名譽、權力和欲樂的奴隸。人們也許以為只有得到巨大的權力和財富，他們才能安全。然而事實上，正是擁有巨大權力和財富的人，有著最大的恐懼、妒忌和焦慮。

跋提的故事

佛在世時，有一位比丘名為跋提（Bhaddiya）。他出家前是一位政府官員，遇見佛陀及其弟子後，發願隨佛陀出家。出家後不久的一個夜晚，他於坐禪中感到禪修的喜悅，因爲在他出家的日子裡，他能夠捨離所有負擔和憂慮。坐禪時，他是如此喜悅，忽然喊道：「我的幸福！我的幸福！」坐在旁邊的一位比丘以爲跋提是因爲捨棄了官職而後悔。爲官時，他手握大權，有護衛保護，擁有大量財產、金錢和傭人。現在他放棄了一切，成爲一名普通的出家人。坐在他身旁的比丘於是去到佛陀處，向佛陀匯報所發生的事。

佛陀了解跋提，召喚跋提前來見佛，於眾比丘前問跋提：「你坐禪時喊叫了『我的幸福！我的幸福！』是嗎？」

「尊敬的佛陀，是的。」跋提回答。「我於坐禪的某一刻忽然喊叫『我的幸福！』」

「你可以告訴我們爲什麼嗎？」佛陀問。

「尊敬的佛陀，以前我在政府任職時，擁有一切。我有軍隊保護我，有地位，有許多傭人，非常富有。但是，我總是活在恐懼之中。我害怕有人來襲擊我，殺我，或是偷走我的財物和金錢。我那麼害怕，並不眞正快樂。但現在我是一位比丘，不再擁有這些東西。即使是『官員』這個職銜，我也放下了。坐禪時，我清楚地看到自己擁有很多的幸福快樂和自由，我無有恐懼，不再害怕任何事，我已捨離一切。在這種自由的狀態下，我感到如此幸福，無法把它藏在心裡，於是我喊：『我的幸福！』」

跋提沒有爲他所放棄的而後悔，反而非常享受放下了這些東西。我們對於幸福的想法，也許正是幸福的障礙。從前，跋提以爲地位、權力、財富會爲他帶來幸福，但是他發現，即使擁有了這一切，他仍然不快樂。反之，正是這些地位、權力、財富成爲了他幸福的障礙。

當我們出家爲僧尼，也許有人會說我們很愚蠢。但事實上我們非常智慧。因爲我們能出離，所以安樂自在。捨離，讓我們輕鬆，再無恐懼、焦慮。

涅槃

涅槃的意思是寂滅。涅槃並非一處你可以去到的地方。涅槃並不在未來，而是實相的本性。涅槃就在此時此地，你已然在涅槃中。試想海洋上的波浪，波浪是水，但有時它會忘記。波浪有始有終，有起有落。一個浪花也許比其他浪花高或矮，更美或是沒那麼美。如果浪花執著於這些概念——始和終、起和落、較美或較爲不美——它會受苦。

如果它知道自己是水，它會享受升起和落下，享受做一朵浪花，同時知道自己是所有其他浪花，完全沒有分別心，無所畏懼。波浪無須到別處尋找水，就在此刻，波浪就是水。

因此，我們無須去尋找涅槃，因爲涅槃是我們的本性——無始無終、不生不滅的本性。如同波浪，如果我們能接觸到自己的本性，就可以超越一切恐懼、憤怒、絕望，因爲我們的恐懼從生滅、有無、來去，一多這些概念而生。涅槃並非我們追求的目標，我們無須「入」涅槃，因爲一切都已在涅槃之中。我們的本性是不生不滅；我們的本性是無來無去。無始以來，我們已完美地安住於涅槃。

17
是誰覺悟？

三世諸佛。依般若波羅蜜多故。
得阿耨多羅三藐三菩提。

All Buddhas in the past, present, and future,
by practicing the Insight that Brings Us to the Other Shore,
are all capable of attaining Authentic and Perfect Enlightenment.

過去、現在、未來一切佛
修行智慧到彼岸
達到圓滿正覺

根據佛陀所說，一切眾生皆有佛性，佛性即覺悟的種子。覺悟的種子非人類獨有，也存在於動物、植物和礦物中。人類由非人類的元素組成。人類有覺悟的能力，非人類也有。只要因緣具足，覺悟就會達至圓滿。佛性並非抽象的概念。佛性即念力、定力、智慧和慈悲。如果我們有時間回到自己，修習正念，長養定力，我們就能接觸到我們內在的覺悟種子，幫助它茁壯成長。

當我還是沙彌時，我認爲成佛非常困難，需要多生多世。然而，覺悟並非時間問題。你無法以年月來談覺悟，因爲覺悟就在一瞬間。修習正念呼吸、正念行走，我們學習讓佛陀爲我們呼吸，讓佛陀爲我們行走。當你如此修行，你就是在學習成爲佛陀，佛陀也在學習成爲你，這非常簡單易行。最初你是兼職的佛陀，慢慢地，你成爲全職佛陀。有時你會退步，又變回兼職的佛陀，但以你的穩定修習，你又將成爲全職佛陀。佛性就在那裡，觸手可及。無論任何時間，任何地點，你都可以成爲佛陀，這是美妙的。生而爲人，佛陀已在我們之內。

當下覺悟

覺悟，總是意味著覺悟某些東西。你無須修行八年，才能有一點覺悟。覺悟就在日常生活中。修習念和定帶來智慧和覺悟。吸氣，你覺悟到你活著。活著已經是個奇蹟。吸氣時走一步，我們允許正念的能量如燭光般照亮我們的心。我們知道，行走在這美麗的星球上是個奇蹟。這種覺知和洞見已能帶給我們安樂。我們不需要其他東西。活著，吸氣，走一步，已經非常美妙。這已然是覺悟。有了心中的正念之光，我們便成爲聖者、佛陀、菩薩。

我們是世界之光。

覺悟，對我來說，即是對眞實情況的深刻理解。有個人的覺悟，也有集體覺悟。我們當中有人覺悟到我們的星球正面臨危機。感恩有這種覺悟，我們嘗試調整自己的生活方式，讓地球有一個未來。但我們當中也有些人尚未覺悟，他們不知道正在發生什麼。他們不知道我們的地球正面臨危機。因此，我們的修習方式，應能幫助他人覺醒，讓別人也能夠覺悟，從而自然地改變自己的生活方式，幫助保護地球。因此，我們自己要覺悟，並幫助創造集體的覺悟。覺悟，是我們的日常修習。如果我們生活在念和定之中，日常生活的每一刻都可以是覺悟的時刻。

我們知道，即使佛陀已經覺悟，依然每天繼續坐禪、行禪、正念呼吸，這可以在諸多經文中清楚地看到。萬物無常，包括智慧和慈悲。即使我們有很好的洞見，還是要修定，以延續這樣的洞見，並將之應用在生活的每一方面，否則我們很快會失去那種智慧。沒有任何事物恆久不變，即使覺悟、幸福和解脫。解脫、幸福和覺悟由無常而生，如果我們不懂得如何長養它們，它們會變成別的東西。

《闡陀經》

《心經》說：「三世諸佛。依般若波羅蜜多故。得阿耨多羅三藐三菩提」。我們在英文版中譯作：「過去、現在、未來一切佛，修行智慧到彼岸，達到圓滿正覺。」但是，如果說「無我」，那麼過去、現在、未來佛是誰？誰在修行？誰在證悟？《闡陀經》幫助我們回答這些問題，作爲《心經》的補充。

佛陀涅槃後，比丘闡陀心裡有著和我們一樣的問題：如果「無我」，那麼誰在學習、修行和體證實相？他聽說許多長老住在鹿野苑，皆爲佛陀在世時親自教導的弟子。於是闡陀決定去鹿野苑向長老們請教。那時，比丘們因爲想確定所學的眞正是佛陀的教導，無有差異，因此不斷重複這樣的說法：「色無常，受想行識無常，一切行無常，一切法無我，涅槃寂滅。」無論闡陀到哪裡問：什麼是我和無我以及覺悟的人是誰，他得到的答案都是：「無人，佛說無我。」比丘們都被困於有與無的概念中了。

闡陀並不滿足。他聽說阿難尊者多年來一直是佛陀的侍者，尊者正住在拘睒彌國。於是闡陀到拘睒彌國去找阿難尊者。

阿難尊者告訴闡陀：「我爲你解釋，我親身聽聞佛陀是如何教導摩訶迦旃延尊者。佛陀對迦旃延說，執著於『有』是錯誤的知見，執著於『無』也是錯誤的知見。」

阿難尊者繼續說：「如果一個人不受、不取、不住（於二邊），不以為有一個獨立的自我，他會看到，當苦的因緣具足，苦生；當苦的因緣滅，苦滅。①」意思是說，即使苦生起，苦滅去，並不需要有一個「我」，既非有亦非無。這正是闡陀想知道的重點：無需有一個「我」去學習、修行和覺悟。聽到阿難尊者的解說後，闡陀開悟了。

①《雜阿含二六二經》——阿難語闡陀言：「我親從佛聞，教摩訶迦旃延言：世人顛倒，依於二邊，若有、若無。世人取諸境界，心便計著。迦旃延！若不受不取不住，不計於我，此苦生時生，滅時滅。迦旃延！於此不疑不惑，不由於他而能自知，是名正見如來所說。所以者何？迦旃延！如實正觀世間集者，則不生世間無見；如實正觀世間滅，則不生世間有見。迦旃延！如來離於二邊，說於中道。所謂此有故彼有，此生故彼生，謂緣無明有行，乃至生老病死、憂悲惱苦集。所謂此無故彼無，此滅故彼滅，謂無明滅則行滅，乃至生老病死、憂悲惱苦滅。」

《闡陀經》非常珍貴，因為此經保存了佛陀真正的教導：「一切行無常，一切法無我，涅槃寂滅。」

佛教的每個宗派都為「我」創造新的名稱。他們害怕如果說有「我」，便是與佛陀的教導相反。但實相非常簡單：如果你知道你所說的「我」並非不死的靈魂，而是因緣具足而成的顯現，那你就安全了。最重要的是覺知，而非名相。

18

般若心咒

故知般若波羅蜜多。是大神咒。是大明咒。
是無上咒。是無等等咒。能除一切苦。真實不虛。
故說般若波羅蜜多咒。即說咒曰。
揭諦揭諦　波羅揭諦　波羅僧揭諦　菩提薩婆訶

Therefore Shāriputra, it should be known that
the Insight that Brings Us to the Other Shore
is a great mantra, the most illuminating mantra,
the highest mantra, a mantra beyond compare,
the true wisdom that has the power to put an end
to all kinds of suffering.
Therefore let us proclaim a mantra to praise
the Insight that Brings Us to the Other Shore:
Gate, gate, pāragate, pārasaṃgate, bodhi svāhā.

故此，舍利子
須知智慧到彼岸
乃大神咒、大明咒、無上咒
乃眞實智慧
能除一切苦
因此我們應以此咒頌揚
智慧到彼岸：
揭諦揭諦 波羅揭諦 波羅僧揭諦 菩提薩婆訶

念此咒時，我們的身、心和呼吸一體，安住深定中，從而清晰照見一切，就像你看著手上的橘子。深觀五蘊，觀世音菩薩看到五蘊相即的本性，因而脫離一切苦，達到圓滿解脫。菩薩在深定、喜悅和解脫自在的狀態中，宣說了這句力量強大的咒語：「揭諦揭諦。波羅揭諦。波羅僧揭諦。菩提薩婆訶。」

「揭諦」是去、到的意思，從苦岸到解脫彼岸，從失念到正念，從二元到不二。「揭諦揭諦」即是去，去。「波羅揭諦」是到彼岸去。在「波羅僧揭諦」中，「僧」的意思眾生，一切眾生度到彼岸。「菩提」是內在之光、覺悟、覺醒。你照見實相，因而從苦痛中解脫。「薩婆訶」是大圓滿、大成就之意。整個咒語的意思是：去呀！去呀！去彼岸呀！眾生同到彼岸，圓滿成就菩提。

這即是菩薩宣說的咒語。當我們聽到這咒語時，應專注一心聆聽，以接受觀世音菩薩的力量。我們誦《心經》時，不要像唱歌一樣，也不要只用頭腦去念。如果你修習觀照空性，讓相即的本性滲透你的身心，你會達到非常專注的狀態。這時，如果你念此咒，身心一體，咒語的力量將非常強大，你能與觀世音菩薩相應，朝著覺悟的方向轉化。此咒不是讓我們機械地持念，或放在佛壇上供奉。它給予我們工具，自度度他，就像用工具來耕種一樣。它是觀世音菩薩的施予，幫助我們耕耘心田。

誠心念誦

《心經》是《般若經》的中心。在空性的教導中，我們看到無相、無願、假施設、中道、相即、緣起的教導。在佛教裡，一法門含藏一切法門。

深入修行一種法門，即有機會開啓實相之門。

《心經》很短，我們可以經常念誦，每天念一遍或多遍都可以，很容易記在心裡。但如果念誦時沒有觀照，那作用並不大。我們要訓練自己，每次念誦時都能看到其中的智慧。我們不要機械地念，或只是爲了念得好聽，這樣將錯失美好的機會，只有字語進入我們的心識，但沒有帶來很大作用。相反，如果我們在念誦時生起洞見，那作用將無可限量。

每當我念或聽《心經》時，都會專注其中。短短經文的每一句都表達了佛法的精要。如果在念某句時走神，便錯失了一個寶貴的機會。有些人信奉佛教，希望依賴外在的佛力救助我們，但《心經》不只於此。我們以禪的精神來念或聽《心經》，相信自己有覺悟的能力，能夠親證帶來解脫的智慧，出離繫縛。

舍利子
身即是空
空即是身
身不異空
空不異身

我在念這幾句時會做一個手印，拇指和食指指尖相觸。念誦時一心專注於這四句，就像四道電光閃過我的腦袋。

然後下一節：

舍利子
一切現象是空相

我用中指指尖與拇指指尖相觸。再下一節，無名指與大姆指指尖相觸。手印幫助我專注於每一句經文。我心中的智慧種子，在定中得到法雨的滋潤。相反，如果我像鸚鵡一樣念誦，那我所得到的只是音聲的滋養，而非智慧。

有一個故事關於一名患病的男子，醫生給他的處方是服用野雞，但他誤解了。他不知道他要做的是吃野雞。他看到處方上「野雞」這兩字，以爲是要反覆說這兩個字。他重複地說這兩個字，卻沒有一點效用。我們念經時，不要像他那樣。

修行還是神祕力量

要在修行、信仰與神祕力量之間劃界線並不容易。多個世紀以來，《心經》有時被視爲修行的經典，有時被視爲信仰的念誦，有時則被視爲神力的加持。《心經》說的是無上智慧，幫助我們照見萬物本無自性，我們脫離恐懼與痛苦。《大般若經》是般若智慧的修行，但也有人念經是爲了求功德。每天早、午、晚念了幾十年，在生活方式上卻無一點改變。對於其他許多經咒也一樣，人們年復一年地念，卻對自己的生活毫無作用。也有人相信念咒能降妖除魔。我們學會一個咒，在睡夢中見到鬼時念一個咒，鬼會咧嘴微笑，變得一點也不可怕。修行可以變成信仰，信仰又可以變成神力的加持，我們經常能從佛教的歷史中看到。

然而，《心經》不只是咒語，而是非常濃縮的佛教教理精華，比《金剛經》還要濃縮。因此，我們誦經時要身心合一，在念和定中，誦經成爲一種修行。如此念誦，《心經》會成爲眞正的咒語——帶給我們智慧與解脫。

【結語】

橘子派對

《心經》給予我們堅實的基礎，培養內心的安詳，超越對生死的恐懼以及一切二元之見。在空性的光芒下，一即一切，我們相即而存，每個人都對生命發生的一切負有責任。

當你內心感到安樂，你開始爲世界獻上和平。你以自己的微笑、正念呼吸將和平貢獻給世界。微笑，不只是對自己微笑，世界也會因爲你的微笑而改變。坐禪時，如果你能享受安坐的每一刻，如果你能安住於內在的平靜喜悅，你便是爲世界的和平建立了穩固的根基。如果你自己不和平，如何給予別人和平？如果你不從內在的和平開始，從哪裡開始？坐禪、微笑、如實觀察事物，都是和平工作的基礎。

梅村的禪營有時會舉行橘子派對。我們給每個人一個橘子，將橘子放在手掌上，看著它，正念呼吸，讓橘子變得眞實。通常，我們吃橘子時，不會細看它，我們的心想著許多事情。看著一顆橘子，我們看到橘子花長成果實，看到陽光和雨水。我們手上的橘子是生命美妙的顯現。我們眞的可以清晰地看到這個橘子，聞到它的花香，感受到陽光的溫暖和濕潤的大地。當橘子變得眞實，我們也變得眞實。生命的一刻都變得眞實。

然後，我們正念地剝橘子，聞一聞它的香味。我們認眞地剝開每一瓣橘子，一瓣一瓣地放到嘴裡，我們眞的能感受到這個橘子。我們正念地吃每一瓣橘子，直到吃完整個橘子。這樣吃橘子非常重要，橘子和吃橘子的人都變得眞實。這也是和平工作的基礎。

佛教的禪修，不是掙扎著去得到那種在五年、十年後才會獲得的覺悟。我們修行，讓生命的每一刻都變得眞實。坐禪時，我們只是坐著。坐著，不是爲了獲得什麼。如果我們坐二十分鐘，那二十分鐘應該爲我們帶來喜悅和生命力；修習行禪，我們只是行走，不是爲了要到達某個地方。每一步讓我們眞正活著，如此，每一步帶我們回歸眞實的生命。

吃早餐或抱著孩子時，我們也可以這樣修習正念。擁抱是西方人的習俗，東方人也可修習擁抱禪，融入正念呼吸。當你雙手抱著孩子或擁抱你的母親、伴侶或朋友時，吸氣呼氣三次，你的幸福會增加十倍。當你看著某人時，以正念覺知呼吸，眞正地看著他們。

我建議你在每一次用餐前，看著碗中的食物，心中默念：「碗是空的，但我們知道傾刻間，它將裝滿美味的食物。」等候上餐或等待取食物時，我建議你吸氣呼氣三次，看著碗並觀照：「這一刻，世界上有許多人拿著碗，但他們的碗也許會長時間空著。」根據聯合國的數據，每天有接近二萬一千人死於營養不良，其中包括許多孩子。有這些美食，我們非常歡喜，但同時因觀照實相而知道苦的存在。如此觀照，我們將能覺醒，看到自己應該走的道路——安詳地活著，也讓世界安詳的生活之道清晰地展現在我們眼前。理解是禪修的果實，理解是一切的基礎。

我們的每一次呼吸、每一步伐和微笑，都是在為世界貢獻和平，是邁向世界和平所必須的。在相即的光芒下，你在日常生活中的安樂即是世界的安樂。感恩有你在，我們一起學習《心經》變得容易。

【附錄一】

中文版　般若波羅蜜多心經（唐三藏法師玄奘譯）

觀自在菩薩。行深般若波羅蜜多時。照見五蘊皆空。度一切苦厄。舍利子。色不異空。空不異色。色即是空。空即是色。受想行識。亦復如是。舍利子。是諸法空相。不生不滅。不垢不淨。不增不減。是故空中無色。無受想行識。無眼耳鼻舌身意。無色聲香味觸法。無眼界。乃至無意識界。無無明。亦無無明盡。乃至無老死。亦無老死盡。無苦集滅道。無智亦無得。以無所得故。菩提薩埵。依般若波羅蜜多故。心無罣礙。無罣礙故。無有恐怖。遠離顛倒夢想。究竟涅槃。三世諸佛。依般若波羅蜜多故。得阿耨多羅三藐三菩提。故知般若波羅蜜多。是大神咒。是大明咒。是無上咒。是無等等咒。能除一切苦。眞實不虛。故說般若波羅蜜多咒。即說咒曰。

揭諦揭諦　波羅揭諦　波羅僧揭諦　菩提薩婆訶

【附錄二】

梵文版

Oṃ Namo Bhagavatyai Ārya-Prajñāpāramitāyai

Ārya-avalokiteśvaro bodhisattvo gaṃbhīrāṃ prajñāpāramitā-caryāṃ caramāṇo vyavalokayati sma: pañca-skandhās tāṃś ca svabhāva-śūnyaṃ paśyati sma.

iha Śāriputra rūpaṃ śūnyatā śūnyataiva rūpaṃ rūpān na pṛthak śūnyatā śūnyatāyā na pṛthag rūpaṃ yad rūpaṃ sā śūnyatā yā śūnyatā tad rūpaṃ. evam eva vedanā-saṃjñā-saṃskāra-vijñānam.

iha Śāriputra sarva-dharmāḥ śūnyatā-lakṣaṇā anutpannā aniruddhā amalā avimalā anūnā aparipūrṇāḥ.

tasmāc Śāriputra śūnyatāyāṃ na rūpaṃ na vedanā na saṃjñā na saṃskārāḥ na vijñānam. na cakṣuḥ-śrotra-ghrāṇa-jihvā-kāya-manāṃsi na rūpa-śabda-gandha-rasa-spraṣṭavya-dharmāḥ. na cakṣur-dhātur yāvan na mano-vijñāna-dhātuḥ na-avidyā na-avidyā kṣayo yāvan na jarā-maraṇaṃ na jarā-maraṇa-kṣayo. na duḥkha-samudaya-nirodha-mārgā na jñānaṃ na prāptir na-aprāptiḥ.

tasmāc Śāriputra aprāptitvād bodhisattvasya prajñāpāramitām āśritya viharaty acittāvaraṇaḥ. cittāvaraṇa-nāstitvād atrasto viparyāsa-atikrānto niṣṭhā-nirvāṇaḥ tryadhva-vyavasthitāḥ sarva-buddhāḥ prajñāpāramitām-āśritya anuttarāṃ samyak-sambodhim abhisambuddhāḥ.

tasmāj jñātavyaṃ prajñāpāramitā mahā-mantro mahā-vidyā-mantro 'nuttara-mantro 'samasama-mantraḥ sarva-duḥkha-praśamanaḥ satyam amithyatvāt.

prajñāpāramitāyām ukto mantraḥ. tadyathā oṃ gate gate pāragate pārasaṃgate bodhi svāhā

Iti prajñāpāramitā-hṛdayaṃ samāptaṃ

從梵文直譯英文

Om Homage to the Blessed Noble Insight that Brings Us to the Other Shore

The Noble Bodhisattva Avalokiteśvara, moving in the deep course of the insight that brings [us] to the other shore, looked deeply at the five skandhas, and he saw these to be empty of a self-nature.

Here, Śāriputra, form is emptiness; emptiness is form. Emptiness is not separate from form; form is not separate from emptiness. What is form, that is emptiness; what is emptiness, that is form. Just so are feelings, perceptions, mental formations, and consciousness.

Here, Śāriputra, all dharmas (phenomena) are marked with emptiness: not produced, not destroyed, not defiled, not pure, not deficient, not complete.

Therefore, Śāriputra, in emptiness there is no form, no feelings, no perceptions, no mental formations, no consciousness. No eye, ear, nose, tongue, body, or mind. No form, sound, smell, taste, touch, or phenomenon. No eye-realm…until no realm of mind-consciousness. No ignorance, no destruction of ignorance…until no old age and death, no destruction of old age and death. No suffering, arising, cessation, or path. No knowledge, no attainment, and no nonattainment.

Therefore, Śāriputra, because of the nonattainment of a bodhisattva, having relied on the insight that brings [us] to the other shore, he dwells without obstacles of the mind. Because there are no obstacles of the mind, without fear, having overcome wrong perceptions, he arrives at perfect nirvāṇa.

In the three times, all buddhas, relying on the insight that brings [us] to the other shore, fully awaken to the highest complete enlightenment.

Therefore it is to be known that the insight that brings [us] to the other shore is a great mantra, a mantra of great understanding, the highest mantra, the unequalled mantra that allays all suffering, [that is] true, because [it is] not false.

In the insight that brings [us] to the other shore, a mantra is spoken as follows: Om, gone, gone, gone to the other shore, gone altogether to the other shore, enlightenment, hail!

Thus concludes the Heart of the Insight that Brings [Us] to the Other Shore.

【附錄三】

The Heart of Perfect Understanding[②]

The Bodhisattva Avalokita,

while moving in the deep course of Perfect Understanding,

shed light on the Five Skandhas and found them equally empty.

After this penetration, he overcame ill-being.

②從一九八〇年代到二〇一四年梅村修學和念誦的《心經》英譯版。

Listen, Śāriputra,

form is emptiness, and emptiness is form.

Form is not other than emptiness, emptiness is not other than form.

The same is true with feelings, perceptions,

mental formations, and consciousness.

Listen, Śāriputra,

all dharmas are marked with emptiness.

They are neither produced nor destroyed,

neither defiled nor immaculate,

neither increasing nor decreasing.

Therefore in emptiness there is neither form,
nor feelings, nor perceptions,
nor mental formations, nor consciousness.

No eye, or ear, or nose, or tongue, or body, or mind.
No form, no sound, no smell, no taste, no touch, no object of mind.
No realms of elements (from eyes to mind consciousness),
no interdependent origins and no extinction of them
(from ignorance to death and decay).
No ill-being, no cause of ill-being, no end of ill-being, and no path.
No understanding and no attainment.

Because there is no attainment,

the Bodhisattvas, grounded in Perfect Understanding,

find no obstacles for their minds.

Having no obstacles, they overcome fear,

liberating themselves forever from illusion, realizing perfect nirvāṇa.

All Buddhas in the past, present, and future,

thanks to this Perfect Understanding,

arrive at full, right, and universal enlightenment.

Therefore one should know

that Perfect Understanding is the highest mantra,

the unequaled mantra,

the destroyer of ill-being, the incorruptible truth.

A mantra of Prajñāparamitā should therefore be proclaimed:

Gate gate pāragate pārasaṃgate bodhi svāhā

關於一行禪師

一行禪師是全球精神導師、詩人、和平活動家，因其強大而有力的教導和關於正念與和平的著作而受到全世界尊敬。禪師的著作包括佛經闡釋、禪修指南、詩歌和兒童故事等。一行禪師是將佛教和正念修習帶到西方的先驅者。禪師教導的正念修習讓我們能幸福地活在當下，這是唯一能爲自己和世界帶來和平的方法。

一行禪師一九二六年生於越南中部，十六歲在順化市的慈孝寺剃度出家，得臨濟法脈傳承。在越南，沙彌的基本訓練是修習正念地活在每一刻，以全然覺知去做每一件事。

沙彌歲月之後，一行禪師在順化市的佛學院就讀，隨後到西貢——更新佛教運動的中心，希望使佛教切合時代的需要，應用在人們的日常生活中。

越戰期間，僧尼面臨的問題是：堅持繼續在寺院修行，還是幫助身邊遭受轟炸與戰亂的人們？一行禪師同時選擇了這兩種方式，由此開啓「入世佛教」運動。一行禪師教學，寫作，創辦了一所出版社，協助建立佛教大學，並擔任《越南佛教》的創刊編輯——這是一本有關和平活動家和佛教創新思想的刊物。

一九六一年，一行禪師前往美國普林斯頓大學教授比較宗教，次年在哥倫比亞大學教授和研究佛教。一九六五年，禪師返回越南並創立青年社會服務學院——以非暴力和慈悲行動爲中心的基層救援組織。禪師訓練年輕僧尼和在家眾成爲社會工作者，幫助重建受損的村莊，並在教育、鄉村組織、衛生健康等方面提供協助。當戰事變得更加嚴峻時，他們也幫助照顧難民。

一行禪師於一九六六年再次訪問美國，這次是爲了呼籲和平。禪師與國會議員和國防部長羅伯·麥納瑪拉會面。此行中，禪師亦有機會與托馬斯·默頓和馬丁·路德·金會面，後者在一九六七年提名禪師爲諾貝爾和平獎候選人。由於禪師的和平活動，越南政府拒絕禪師回國。流亡生涯的第一年對禪師非常困難。禪師的工作、學生以及熟悉的一切都在越南。慢慢地，禪師學會了無論身在何地，都視之爲自己的家。禪師持續訪問不同國家和城市，教學，呼籲和平，提倡兄弟情誼，遊說西方領袖終止越戰，並帶領佛教組織參加巴黎和平會議。一九七六年，禪師前往新加坡協助拯救越南船民，呼籲各國提高難民限額。禪師一邊從事和平工作，一邊教學、講課、寫作，教導正念生活和快樂地活在當下的藝術。

一九八二年，一行禪師在法國西南部創立梅村禪修中心，禪師在這裡進行社會工作，並教導前來禪修的人。在禪師的領導下，梅村由一個小團體發展成爲西方最大的佛教道場，超過二百位僧尼在這裡常住修行。過去十五年，梅村在歐洲、美國、亞洲和澳洲創立了九所寺院，所有寺院均開放給禪修者前來修習。今天，一行禪師在世界各地的出家弟子超過六百位，眾多在家弟子將禪師關於正念的教導應用於和平工作、僧團建設和服務社會。

二〇〇四年，一行禪師流亡近四十年後，越南政府邀請禪師到訪越南。二〇〇五年，禪師訪問越南三個月，爲當地和世界各地前往的僧尼、在家眾帶領禪營，並與佛教組織領袖和政府領導人進行深入交流。二〇〇七年，禪師再訪越南，主持超度越戰受害者的大型法會，也爲生還者帶來和平、療癒與和解，幫助他們停止將傷痛傳給下一代。二〇〇八年，禪師再次訪問越南。

一行禪師二〇〇八年建立「覺醒」青年人共修團，二〇一〇年開辦全球「覺醒學校」課程，培訓老師們在學校教授和修習正念。

多年來，禪師受邀前往世界各地舉辦禪營、正念日和公開講座。二〇一〇年九月，九一一事件的幾天後，禪師在紐約河濱教堂舉行講座，談及非暴力的重要性。二〇〇三年及二〇一一年，禪師爲美國國會議員及其家人舉辦禪營。

二〇〇六年，一行禪師在巴黎向聯合國發表演說，呼籲爲社會暴力、戰爭和氣候變遷採取實際行動。二〇〇七年，禪師在越南河內的聯合國國際衛塞節慶典中擔任主講人。二〇〇八年，禪師在印度國會開幕大典發表演說，禪師的教導深受議員們歡迎，獲邀定期爲他們舉辦培訓。二〇〇九年，禪師在澳洲墨爾本為世界宗教議會作演講。

二〇一二年，禪師在谷歌帶領超過五百位員工修習正念，二〇一三年再回到谷歌為超過七百位員工帶領正念日。禪師及其弟子與谷歌工程師領導層進行會談，探討谷歌應如何利用科技為世界帶來慈悲和積極的改變。

二〇一三年，禪師接受世界銀行邀請，在華盛頓特區的總部為超過四百位員工舉辦為期二天的活動。禪師也受邀到哈佛醫學院為其「禪修與心理治療：與一行禪師一起深化正念修習」課程作專題演講。哈佛大學醫學院身心研究所特別將「身心靈研究貢獻獎」頒發給一行禪師。

同年後期，一行禪師受邀到矽谷為企業行政總裁帶領半日禪。他們與禪師一起享受茶禪，聆聽禪師講授正念生活的藝術，以及如何活出人生真正的意義。禪師說：「時間不是金錢，時間是生命，是愛。我們每個人最深的願望，遠非金錢。我們渴望幫助他人離苦，爲世界帶來積極的貢獻。」

一行禪師長期教學和帶領禪營，直到二〇一四年突然嚴重中風。在六十五年的教學生涯中，禪師的學生遍及世界每一個洲及社會各界。禪師爲教育工作者、家庭、醫療與健康工作者、商人、退役軍人、青年、政治家、科學家、心理治療師、警務人員、藝術家、環保人士等舉辦禪營，並安排巴勒斯坦和以色列人到梅村一起修習。

二〇一七年，一行禪師回到越南祖庭慈孝寺靜養，繼續貢獻其安詳平靜的能量。健康情況許可時，禪師會參加大眾的活動和儀式。

禪師八十歲誕辰當天，有人問禪師何時退休。禪師說：「教學不只是通過語言，也通過你的生命。我的生命就是我的教導。我的生命就是我的訊息。」

梅村簡介

梅村位於法國西南部，是一行禪師於一九八二年創立的修習中心。其後，禪師亦在美國、德國及亞洲等地設立禪修中心，歡迎個人或家庭來參加一天或更長時間的正念修習。如欲查詢或報名，請聯絡各中心：

Plum Village

13 Martineau
33580 Dieulivol
France
Tel: (33) 5 56 61 66 88
www.plumvillage.org

Deer Park Monastery

2499 Melru Lane
Escondido, CA 92026
USA
Tel: (1) 760 291-1003
www.deerparkmonastery.org

Asian Institute of Applied Buddhism

Lotus Pond Temple, Ngong Ping, Lantau Island, Hong Kong
Tel: +852 2985 5281
www.pvfhk.org

European Institute of Applied Buddhism

Schaumburgweg 3,
D-51545 Waldbröl,
Germany
Tel: +49 (0) 2291 907 1373
www.eiab.eu

梅村傳承的九所寺院和正念修習中心分別位於法國、德國、美國、澳洲、泰國及香港，詳細資料見於梅村中文網站。

梅村中文網站：https://plumvillage.org/zh-hant/

梅村中文 Facebook：https://www.facebook.com/PlumVillageCH/

橡樹林文化 ❖❖ 一行禪師 ❖❖ 書目

JB0006X	初戀三摩地	一行禪師◎著	280 元
JB0011	你可以不怕死	一行禪師◎著	250 元
JB0013	正念的奇蹟	一行禪師◎著	220 元
JB0014	觀照的奇蹟	一行禪師◎著	220 元
JB0027	見佛殺佛：一行禪師的禪法心要	一行禪師◎著	220 元
JB0037X	一行禪師　活在正念的愛裡：從慈悲喜捨的練習中，學會愛自己也愛他人	一行禪師◎著	300 元
JB0042	祈禱的力量	一行禪師◎著	250 元
JB0052	一心走路：步行在佛陀的淨土中	一行禪師◎著	280 元
JB0064	生命真正的力量	一行禪師◎著	280 元
JB0069	接觸大地：與佛陀的親密對話	一行禪師◎著	220 元
JB0092	回到家，我看見真心：讓家成為修行的空間	一行禪師◎著	220 元
JB0093	愛對了：用正念滋養的親密關係，最長久	一行禪師◎著	260 元
JB0103	一行禪師講《金剛經》	一行禪師◎著	320 元
JB0104	一行禪師談生命真正的快樂：金錢與權力能帶給你什麼？	一行禪師◎著	300 元
JB0105	一行禪師談正念工作的奇蹟：在工作裡找到成功＋快樂的模式	一行禪師◎著	280 元
JB0116	一行禪師講《阿彌陀經》	一行禪師◎著	260 元
JB0116S	一行禪師講金剛經 & 阿彌陀經 (套書)	一行禪師◎著	580 元
JB0122	正念的奇蹟 (電影封面紀念版)	一行禪師◎著	250 元
JB0123	一行禪師　心如一畝田：唯識 50 頌	一行禪師◎著	360 元
JB0124	一行禪師　你可以不生氣：佛陀的最佳情緒處方	一行禪師◎著	250 元
JB0149S	一行禪師講金剛經 & 阿彌陀經 & 心經 (套書)	一行禪師◎著	880 元
JP0146X	一行禪師　與孩子一起做的正念練習：灌溉生命的智慧種子（隨書附贈練習音樂 CD）	一行禪師 梅村社群◎著	470 元

善知識系列 JB0149

一行禪師講《心經》

The Other Shore: A New Translation of the Heart Sutra with Commentaries

作　　者／一行禪師 Thich Nhat Hanh
譯　　者／士嚴法師、江涵芠、張秀惠
責任編輯／陳芊卉
業　　務／顏宏紋

總 編 輯／張嘉芳
出　　版／橡樹林文化
城邦文化事業股份有限公司
104 台北市中山區民生東路二段 141 號 5 樓
電話：(02)2500-7696 ext2738　傳眞：(02)2500-1951
發　　行／英屬蓋曼群島商家庭傳媒股份有限公司城邦分公司
104 台北市中山區民生東路二段 141 號 5 樓
客服服務專線：(02)25007718；25001991
24 小時傳眞專線：(02)25001990；25001991
服務時間：週一至週五上午 09:30 ～ 12:00；下午 13:30 ～ 17:00
劃撥帳號：19863813　戶名：書虫股份有限公司
讀者服務信箱：service@readingclub.com.tw
香港發行所／城邦（香港）出版集團有限公司
香港九龍九龍城土瓜灣道 86 號順聯工業大廈 6 樓 A 室
電話：(852)25086231　傳眞：(852)25789337
Email: hkcite@biznetvigator.com
馬新發行所／城邦（馬新）出版集團 Cite (M) Sdn Bhd
41, Jalan Radin Anum, Bandar Baru Sri Petaling,
57000 Kuala Lumpur, Malaysia.
電話：(603) 90563833　傳眞：(603) 90576622
Email：services@cite.my

內　　文／歐陽碧智
封　　面／耳東惠設計
印　　刷／韋懋實業有限公司

初版一刷／ 2021 年 9 月
初版六刷／ 2024 年 1 月
ISBN ／ 978-986-06890-6-8
定價／ 320 元

城邦讀書花園
www.cite.com.tw

國家圖書館出版品預行編目（CIP）資料

一行禪師講《心經》／一行禪師（Thich Nhat Hanh）著；士嚴法師，江涵芠，張秀惠譯．-- 初版．-- 臺北市：橡樹林文化，城邦文化事業股份有限公司出版：英屬蓋曼群島商家庭傳媒股份有限公司城邦分公司發行，2021.09
面；　公分．--（善知識；JB0149）
譯自：The other shore : a new translation of the Heart Sutra with commentaries
ISBN 978-986-06890-6-8（平裝）

1. 般若部　2. 佛教修持

221.45　　110014925

廣　告　回　函
北區郵政管理局登記證
北 台 字 第 10158 號

郵資已付　免貼郵票

104 台北市中山區民生東路二段 141 號 5 樓

城邦文化事業股份有限公司

橡樹林出版事業部　收

請沿虛線剪下對折裝訂寄回，謝謝！

|橡|樹|林|

書名：一行禪師講《心經》　書號：JB0149

橡樹林文化
讀者回函卡

感謝您對橡樹林出版社之支持，請將您的建議提供給我們參考與改進；請別忘了給我們一些鼓勵，我們會更加努力，出版好書與您結緣。

姓名：＿＿＿＿＿＿＿＿ □女 □男 生日：西元＿＿＿＿＿＿年

Email：＿＿＿＿＿＿＿＿＿＿＿＿＿＿＿＿

● 您從何處知道此書？

□書店 □書訊 □書評 □報紙 □廣播 □網路 □廣告 DM

□親友介紹 □橡樹林電子報 □其他＿＿＿＿＿＿

● 您以何種方式購買本書？

□誠品書店 □誠品網路書店 □金石堂書店 □金石堂網路書店

□博客來網路書店 □其他＿＿＿＿＿＿

● 您希望我們未來出版哪一種主題的書？（可複選）

□佛法生活應用 □教理 □實修法門介紹 □大師開示 □大師傳記

□佛教圖解百科 □其他＿＿＿＿＿＿

● 您對本書的建議：

＿＿＿＿＿＿＿＿＿＿＿＿＿＿＿＿

＿＿＿＿＿＿＿＿＿＿＿＿＿＿＿＿

＿＿＿＿＿＿＿＿＿＿＿＿＿＿＿＿

非常感謝您提供基本資料，基於行銷及客戶管理或其他合於營業登記項目或章程所定業務需要之目的，家庭傳媒集團（即英屬蓋曼群商家庭傳媒股分有限公司城邦分公司、城邦文化事業股分有限公司、書虫股分有限公司、墨刻出版股分有限公司、城邦原創股分有限公司）於本集團之營運期間及地區內，將不定期以MAIL訊息發送方式，利用您的個人資料於提供讀者產品相關之消費與活動訊息，如您有依照個資法第三條或其他需服務之務，得致電本公司客服。

我已經完全了解左述內容，並同意本人資料依上述範圍內使用。

＿＿＿＿＿＿＿＿＿＿（簽名）